时间管理

用思维导图
高效地使用时间

姑苏明月 _____ 著

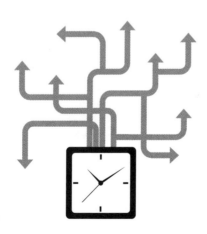

中国纺织出版社有限公司

内 容 提 要

思维导图是一个神奇的工具，它能帮你发散思维、厘清思路、增强记忆、提高效率，将其应用于时间管理便能让相同的时间产生成倍的价值。本书以一个完整、充满带入感的职场故事为主线，并配以可爱生动的插图，系统讲解了运用思维导图进行时间管理的实用内容，包括为什么做、如何做、如何画、如何应用和如何反馈，重点是做法和应用，亮点是"小贴士"知识点总结。本书具有四大优势：故事性、逻辑性、趣味性、实用性。读者能够借助本书快速学会思维导图时间管理法，提升自己的核心竞争力，成为乐在工作、乐在生活的人生赢家。

图书在版编目（CIP）数据

时间管理：用思维导图高效地使用时间／姑苏明月著.—北京：中国纺织出版社有限公司，2022.8
ISBN 978-7-5180-9577-3

Ⅰ.①时⋯　Ⅱ.①姑⋯　Ⅲ.①时间–管理–通俗读物　Ⅳ.①C935-49

中国版本图书馆CIP数据核字（2022）第095953号

责任编辑：郝珊珊　责任校对：高　涵　责任印制：储志伟

中国纺织出版社有限公司出版发行
地址：北京市朝阳区百子湾东里A407号楼　邮政编码：100124
销售电话：010—67004422　传真：010—87155801
http://www.c-textilep.com
中国纺织出版社天猫旗舰店
官方微博 http://weibo.com/2119887771
天津千鹤文化传播有限公司印刷　各地新华书店经销
2022年8月第1版第1次印刷
开本：880×1230　1/32　印张：7.5
字数：162千字　定价：58.00元

　　当我们从学校毕业，步入职场的那一刻起，我们的时间管理就发生了很大的变化：不再有固定的作息和课表，每个人都开始对自己的规划负责。也正是对待时间的不同的态度和所做出的不同安排，让我们逐渐走向了截然不同的职业发展路线。那么，怎样才能有效地安排好时间，在工作中游刃有余、稳步发展呢？

　　我们正处在一个瞬息万变的时代，无论是在工作中，还是在日常的生活中，每天都会面对各种新的事物和概念，所以高效学习和深度思考的能力就显得尤为重要。思维导图正是能够让思考的过程更加结构化，从而使思路更加清晰的有效方法和工具。结合头脑风暴和行动计划，思维导图能够在一个想法的产生到落实的过程中起到非常重要的作用。

　　在工作中，时间管理的关键是任务项的梳理和执行计划的落实，思维导图能够有效地支持归类、分解等梳理方式；结合优先级、时间点的标注，思维导图也能够扩展到执行计划的跟进和落实。所以，将思维导图应用到时间管理，是一件水到渠成的事情。当然，其中有很多实践的环节需要完善，这正是本书所要介绍的主旨。

　　通篇读下来，会发现这是一本很有意思的书，故事化的场景，活泼轻松的配图，加上小贴士和作者语作为适时的提示，读起来非常轻松愉悦，令人手不释卷，潜移默化中理解并掌握了很多时间管理的理念和方法。而主角提米丝的经历，彷佛是我们自己在职业生涯中的一个个片段，细细品味，更能领会蕴含于其中的道理，足见作者的苦心。

当我们学会和提米丝一样熟练地运用思维导图去管理时间，管理好工作和生活，主动积极地去面对和解决各种问题的时候，一定能在这个多变的时代更好地把握机会，甚至创造机会。

网易教育

事业部总经理　蒋忠波

成为拥有持久行动力的人

我们的无力感在很大程度上来自：知道要做到，但不知道要怎么做。

小时候总是梦想着早点长大，但真正步入社会的时候，我们才发现长大往往不是年龄增长那么简单。

一方面，成年人能获得比孩童时期多得多的自由；但另一方面，周围乃至社会对成年人的要求也比对孩子的要求高得多。就在离开校园那一刻，我们面对的规则已然改变，感到不适应在所难免。

找一份工作吧！一份好工作吧！一份自己喜欢、收入高、轻松而稳定的工作吧！相信绝大部分年轻人都有这样的想法。

看看这十几年国内乃至全世界的变化，我们会发现一个事实：公司乃至工作岗位的更替实在是太快了。将一生的重要基础之一安放其上，显然是难以实现的。

彷徨！这种状态早已不只属于刚步入社会的人了。

但这也是一个充满机会的时代，正是因为更替快速，年轻人才可以不需要花费大量的时间去等待发展的机会。

然而，机会女神永远只青睐善于追求她的人，这种人做好了相应的准备并具备强有力的执行力。

　　其实，用心去观察每个人，你就会发现几乎所有人的动机都没有错，错的只是方法。掌握更好、更实用的方法会让我们有更多的选择权，让我们有机会去走向心中的那个自己，收获属于自己的幸福人生。

　　这也是本书目的之所在。

姑苏明月

目录

CHAPTER 1
提米丝的职场 TT 史

得来不易的工作

今天应该是提米丝职业生涯中最难堪的一天了。

她抱着装满个人办公用品的盒子，拖着沉重的步伐，在同事鄙夷的目光中走进了新部门的办公室。

新部门窗明几净，办公环境和人事行政部的差不多，提米丝的心情却与在人事行政部时有着天壤之别。

提米丝是通过应聘培训专员这个职位进入这家公司的。

像大多数刚毕业不久的大学生一样，要想找到一份适合自己的工作是很难的，光是思考什么是适合自己的工作这个问题，提米丝就已经花费了不少心思，做了不少准备。

现实总是骨感得令人无语。在应聘的过程中，她总是会遇到让她特别害怕的几个问题：你有3年以上的工作经验吗？你有成型的课程吗？你愿意从销售做起吗？前面两个问题对于一个毕业不久的人而言显然是做不到的，而最后一个问题则是提米丝不能接受的。因为她知道：从销售员转培训师丝毫不比直接应聘来得容易。

一次次的失败让她想到了放弃，但她总是心有不甘。她想起自己在大学辩论会上力压对手的意气风发，想起自己仅凭几天的准备就做出了一个让全场惊艳的演讲。

"我觉得自己是适合做讲师的，但我没有相关的职场经验。可不给我机会，我怎么可能有经验呢？"她沮丧极了。

机会往往是在人近乎绝望的时候出现的。不久，提米丝接到了一个电话，这个电话给她带来了好消息。

"你好！你是提米丝吗？"

"我是！"

"我是××公司，你的简历我们已经收到了，你应聘的职位是培训专员。请你于明天上午10点到我们公司面试。面试的地点是×××。"

"好的，好的。"提米丝拿出纸笔飞快地记着。希望之火再次被点燃。

看来，这次运气真的来了。提米丝顺利地通过了初试、复试和试讲，进入了薪酬待遇的面谈阶段。

从人事行政经理大卫那里，她更加详细地了解到这个公司的规模、历史、经营内容以及她个人的岗位职责、工作地点以及薪酬待遇，这一切都令她很满意。

正当她沉浸在喜悦中的时候，大卫经理的一句话却让她开始犹豫了。

"除了培训工作，你平日可能还要做些行政工作，更确切地

说是文档管理工作。这个你能接受吗？"

对于普通女大学毕业生而言，行政工作是一个很不错的岗位，但对于提米丝而言则不是。她最害怕的就是琐碎的工作，以前是，现在也是。

粗心、丢三落四这些缺点像是魔咒一样总跟着她，所以，在选择工作的时候，她尽量避免从事这些工作。但这次，她明白自己是躲不掉的。

她太想要这份工作了，找工作的经历让她害怕失去这次机会。于是，她妥协了。

"好的。"她回答道。

对于绝大部分公司而言，招聘时只能考虑最合适的，而不是最好的人。

"哎，已经面试了不下20个培训专员，要么是根本不能讲，要么是能力强但要价高。再加上现任的行政文员已经表明了去意，没有那么多时间再花在招聘上了。"大卫经理暗自想着，"这个小丫头看起来还蛮努力的，而且还能讲课，就她了吧！"

他点了点头，告诉提米丝具体的上岗时间和地点。

怕什么来什么

第一天上岗的提米丝是怀着兴奋而紧张的心情走进人事行政部办公室的。在行政文员晶晶的带领下，她办理了相关手续，获得了工位。在大卫经理那里，她接到了工作任务：一周之内整理出公司的入职培训资料，并完成他交给的其他工作。

提米丝毕竟是新人，在短短一周完成公司入职培训资料的整理有点费力，但好在她有些素材准备，还是能按时完成的。

首先，她需要去找相关部门要资料，然后把这些整合起来做一个初稿，征求相关人员的意见，之后才是完成PPT、讲稿细化之类的工作。

可当她接到一个办公电话后，她的工作计划就被打断了。

"您好！贵公司的文具到了，麻烦过来签收下！"

刚好行政文员晶晶外出办事了，她只能把这个事情告诉大卫经理。大卫经理就直接让提米丝去签收文具。

由于是领导交待的第一项任务，提米丝做得非常认真。她拿着清单一个个地清点，等她清点完成并在签收单上签字，一个半小时已然过去。

她看了看时间，12点，于是她只好放下工作吃饭去了。

由于思路被打断，她在下午1点半才找到资料整理的感觉。正在这个时候，大卫经理走过来交给她一个新任务：校对一封电子邮件，今天下班前必须完成。

提米丝心想："我好不容易找到感觉，被打断了实在可惜。"于是她决定先去忙资料整理工作。

这时，她突然感到口渴。她走到饮水机跟前，却发现饮水机已经空了。

"哎，晶晶还没有回来，这个事情就只能我做了。"可能正巧赶上用水高峰期，她给送水员打了好几次电话，都是占线。折腾了足足10分钟，电话终于打通了。

口干舌燥的提米丝只能回到工位上继续完成资料整理工作。正在这时，一个电话彻底把她的工作节奏打乱了。

"提米丝吗？我是大卫经理。上午收到的那批文具明天一大早就要分发，你现在要根据部门马上分个类。"

提米丝只好照办。等她完成这项工作的时候，已经是下午4点半了。

校对电子邮件的工作刻不容缓。等她打开那个文件的时候，才发现比她想象中难多了……

赶工、赶工、赶工。好在，下班前这封邮件终于校对完成了。

就这样折腾了一天，资料整理工作根本就没有理出一个头绪。

"算了，回去再做吧！"她自我安慰道。显然，这是有效的，她的心安了下来。

但一回到家，工作就被抛到脑后了。当然，这样的情况对提米丝而言是常事。

第二天，提米丝又被大卫经理叫到面前。出乎意料的是，她校对的文稿获得了表扬。但随之而来的是，她被大卫经理指派了更多的文稿审核工作。

提米丝心中暗自叫苦，她真的不想做这项工作，但又有什么办法呢？

于是，这一周她在公司里完成最多的工作就是文稿审核。幸好，她还是挤出时间要到了相关资料，开了几个夜车，勉勉强强地完成了培训资料的整理。

在大卫经理眼中，提米丝虽然没有人事行政工作经验，但至少听话、肯干，比现任的行政文员晶晶好管理多了。于是，他就不那么担心晶晶的离职了。

"无能"的帽子

提米丝转正了。她很开心，除此以外，她的薪酬还比原先谈好的多了200元。大卫经理告诉她："这是公司办公文员最高级别的待遇了。"当然，多加钱是有条件的。

高兴之余，提米丝还是有些担心自己能否胜任行政工作。

"说不定晶晶会留下来。"她自我安慰道。事实证明，她这种想法是错误的。在公司无意挽留的情况下，一个有意要离职的人是注定要离开的。

这时，提米丝只好把自己的困难说了出来。

"经理，我真的不太适合做行政工作。"

"哦，那我跟其他领导商量下。"大卫经理回答。

谁都不想当恶人，大卫经理只是在借力罢了。

第二天，大卫经理语气坚决地对她说："没办法，上级就是这么决定的。"提米丝没有任何办法。

她的苦难正式开始了。

将一个人安排到他不擅长的领域中是会让这个人崩溃的。虽然，她的培训资料整理工作完成得不错，文档管理工作却一次次打击着她的自信。让她更受不了的是，大卫经理喜欢将一个命令反复更改，弄得她不知所措。

在同事的眼中，这却是提米丝工作能力不足造成的。渐渐地，提米丝被他们疏远了。

提米丝感到很委屈，自己原本应聘的岗位是培训工作，进来后却被分配了行政工作，辛苦不消说，还被扣上了"无能"的帽子。渐渐地，她的一腔热情变成了委屈的眼泪，再到最后的麻木。她只是靠着一个信念继续工作着：熬过 3 年，有了工作经验就会好的。其实，她自己连这个都已经不相信了。

而在大卫经理那边，他觉得自己看走了眼，对提米丝的态度也从生气到愤怒，再到无可奈何。

一天，大卫经理要提米丝去找一份前两天才给她的文档，但提米丝却足足找了半小时。他终于愤怒了，决定招聘新的行政文员。

新的行政文员小陆到岗了，虽然她学历不高，但毕竟有点背景，外加处事灵活，一下子就成了大卫经理身边的红人。如此这般，提米丝就显得更加落魄了。

这时，正好公司成立了一个新部门——品质管理部，新经理托尼找大卫经理要人，他就顺水推舟地将提米丝调了过去。

于是，就有了开头的那一幕。

CHAPTER 2
新部门的转机

新上级带来的惊喜

不同于人事行政部，提米丝在品质管理部的工作量很少。除了要继续完成培训资料整理工作外，托尼经理几乎没有给她布置任何工作。这让提米丝很不习惯，内心还有一丝恐惧。

这种情况持续了两周，提米丝终于忍不住了，向托尼经理表达了她的疑惑：

"经理，我想请教你，我在这个部门具体需要协助你的工作是……"

"ISO推行呀！"托尼经理很淡然地回答。

"什么是ISO呀？"提米丝的问题几乎是脱口而出，这非常冒失。

"你该不会连什么是ISO都不知道吧？"托尼经理有点惊讶。

提米丝意识到了自己的冒失，但只得接着说："望经理指点！"

"这样说吧！"托尼经理耐心地说，"我们现在主要负责

ISO的推行和认证。这里面有很多工作要做，你先在网上搜索下。具体工作等你对它有一定了解后，我再跟你讲。"

提米丝照办了。看着满满的网页信息，她感到压力很大，不禁怀疑自己能否顺利完成。

渐渐地，托尼经理给提米丝的工作变多了。

"提米丝，下一周我们有很多工作要做。"

"好的。"

"你需要做的是收集市内ISO相关辅导机构的信息了解相关报价。另外，你还要认真研究下办公软件，为ISO的推行做相关准备……"

随着托尼经理布置的任务越来越多，提米丝感到心口一阵压抑，她想起在人事行政部那段繁忙而压抑的时光，委屈的眼泪在眼眶中打转。

托尼经理觉察出提米丝的不对劲，忙问："你怎么了？"

提米丝知道不能再像在行政人事部时那样把自己的想法压着不说，于是她决定冒险。

"我觉得事情好多。"

她已经做好了挨骂的准备，但她知道，如果不说，结果可能会更惨。

出乎她意料的是，托尼经理没有生气，也没有直接为她减掉工作，而是拿出一张A4纸，写了起来。

他用一种提米丝从来没有见过的方式写下了她要做的事情。

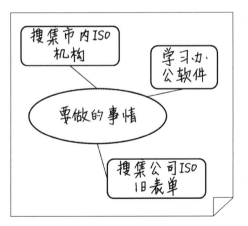

"你看！你要做的事情大体分为这几类。"他说。

"嗯。"提米丝的注意力一下子就集中到那张纸上，她很好奇托尼经理接下来要向她展示什么。

"我们先看收集市内ISO机构这一项。这里面有一些标注是你需要注意的。"他接着说。

"是的。"

"你认真想想是哪些。"他接着问。

"我想，我需要寻找一些经验比较足、价格比较适中、有相
关行业经验的机构。"提米丝还是能回答这个问题的。

"对！那么我们就需要在这里写上……"托尼经理在这一项
上画了几个分支，把提米丝说的项目列了上去。

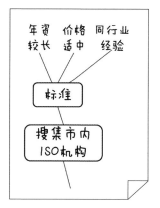

"那你准备如何找到这些机构呢？"他继续问。

这个问题对于提米丝而言就更容易了。"我可以在网络上搜

索我市的ISO公司，或者去同行的网站上找找线索，还可以找公司的相关人员询问。"

"对！"托尼经理按照她的回答，将内容添了上去。

"另外，你还可以查查黄页、打打114。"

"是哦！"

于是，纸上又多了一些内容。

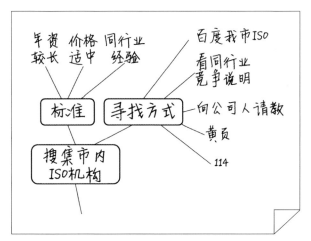

"我们现在来看看这些项目。"托尼经理接着说，"网络搜索、看同行的网页、找114和黄页这些事情，你应该是可以做到的吧？"

"对！"提米丝感到心头一暖，原先焦虑的情绪已经被惊喜所代替。

"向高层请教这个事情由我来做。"听到托尼经理这么说，提米丝心中一阵感动。

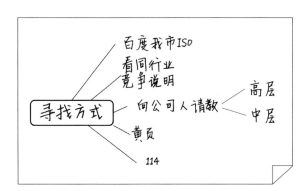

"但向主管级以下人员去询问，这个事情你应该可以完成吧？"托尼经理将事情继续细分。

"是的。"提米丝目光炯炯地看着那张神奇的纸，感觉它正在一点点化解自己心头的压力。

就这样，托尼经理<u>一条条地把任务分解到怎么做、谁做、什么时候开始做的具体事项上，</u>提米丝的思维也在这个过程中逐渐清晰起来。

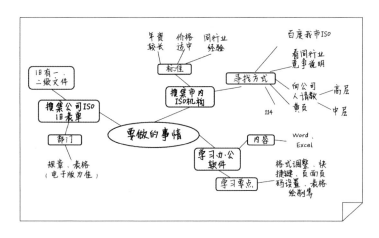

"这个思维导图你就拿去吧，照着上面做，不懂再问我。"

这令提米丝太感动了，她如获至宝地拿过这张图。

托尼经理接着告诉了她一些执行时的要点：**完成一个事项后就在上面打钩，如果有变化，先记录，然后分析和调整，再行动。**

接下来的工作虽然遇到了些波折，但没有打断提米丝的工作节奏。她感到了一种前所未有的自信，一下子就爱上了这种工作方法。

隐隐地，她感到这个方法可以让她今后的工作大不一样。

于是，她决定，一定要掌握这个方法。

初画思维导图

提米丝尝试着独立绘制思维导图。

她在纸张的中心位置写了这个思维导图的主题，用圆圈圈了起来。

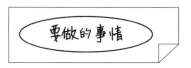

接下来就是标出大体的项目。

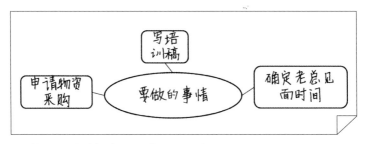

然后，她对每个项目进行了细分。

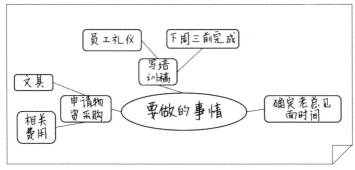

一个思维导图就制作出来了。

"一点也不难嘛！"她心里想着。

可是，到具体执行的时候，她发现没有了之前的流畅感，心生疑惑。

她只好去请教托尼经理。

两个思维导图的区别

托尼经理最近越来越忙，不是到其他部门去沟通，就是在办公室里查资料、写东西。

提米丝找了一个机会，跟他说："经理，你现在忙吗？我有个问题想请教。"

"直接说吧！"

"按照你上次给我讲的方法，我做了一张思维导图，但在执

行的时候，我发现有些地方不是那么流畅。"

托尼经理有点感兴趣了，"哦？把图给我看看。"

他接过图，认真地审视了一会儿，指着图纸说："噢，问题出在这儿。"

"哦？"

托尼经理拿出自己绘制的那张跟提米丝绘制的作了对比。

提米丝的

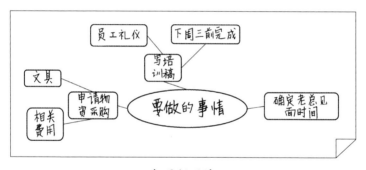

托尼经理的

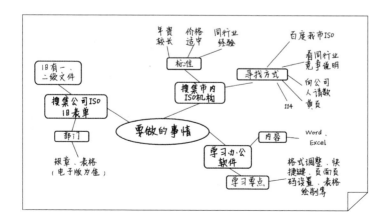

　　提米丝看出了不同，"你的那张更细致，而我的这张导图太概括了。"

　　托尼经理点点头，"对！明确说就是，我的这张细致到了具体的行动，而你的没有。"

CHAPTER 3
行动最重要

大脑的局限和偏好

专注了效率才会高

提米丝是一个学习很认真的人，她忙问："那要分解到什么程度才好呢？不是有句话叫计划赶不上变化吗？"

"是啊。"托尼经理叹了口气说，"看来得跟你讲讲大脑的知识了。这原理其实就像电脑一样，你程序开多了，运行速度自然就慢下来。人脑想要高效地运行，一次完成的事情越少，效果往往越好。"

提米丝点点头，"这个就叫作一心一意吧。"

"你的反应还蛮快的嘛。"提米丝的快速总结让托尼经理吃了一惊。

提米丝笑道："谢谢经理夸奖！"

此时，托尼经理泼了一瓢凉水，"可我怎么听说你在以前部门里，工作效率不怎么样呀！"

这让提米丝有些尴尬。她支支吾吾地说："其实，我原本是不想做行政工作的，因为我觉得自己对处理琐碎的事情有非常大的恐惧……"

托尼经理一脸严肃地说："记住！在职场里可不能这么说，这会显得你非常不专业！"

提米丝有些叫苦："我要是专业了，也不会如此被动了。"

托尼经理一针见血地指出了她的问题："你刚刚那只是借口，其实你根本没有想办法去管理行政工作。"

提米丝想了想，接受了这个批评。她低声地说："嗯，这不正在向经理学习嘛。"

有限的记忆

看着提米丝如此诚恳的样子，托尼经理也打开了话匣子："首先，你开始记录要做的事情，这个就是非常重要的起步。就跟刚刚打比方的电脑运行一样，**人脑为了最优的运行，对瞬间记忆的数量也是有限制的。这个数字就是7，**当然有的人能够多记点，有的少点，上下浮动一般不多于2。"

提米丝点点头，"这个好像看过。也就是说，如果要记的数量多了，大脑就可能记不住。"

托尼经理点点头，"对呀，好记性不如烂笔头嘛。"

提米丝说出了自己的难处："我真的不喜欢记笔记。感觉记了以后，自己也没看多少。"她一边说一边做好了挨骂的准备。

没想到，托尼经理很坦诚地说："哈哈，我以前也一样，但是用了思维导图之后就爱记了。"

这让提米丝有些惊喜。

思维导图提升效率的原因

托尼经理接着说："你刚刚绘制了思维导图，应该有些体会吧！"

提米丝忙说出了自己的感受："感觉这个看起来比较快，而且比以前那种记录方式看得更舒服。"

"这是因为爱看图甚过文字是人的一种天性。"托尼经理解释，"不仅小孩子，成年人也一样！这也就是思维导图比文字更有可看性的根本原因。"

提米丝点点头，"确实如此！"

托尼经理接着说："另外，人记忆图像的能力天生就比记忆文字强。所以，用思维导图展现的事情往往比纯文字更容易被记住。"

提米丝好像发现了点什么，"经理反复提到的'天性'，这个词好像很有意思。"

"对的。好的方法就是利用人自身的天性来更好地提高效率。"托尼经理说，"思维导图除了利用视觉这个特性外，还利用了人原本的联想力。"

"噢？这么厉害！"提米丝感叹道。

"是呀。"托尼经理继续解释，"从一个事物联想到另一个与之有联系的事物，这是我们从幼儿时期就拥有的能力。打个比方，如果是一堆装修材料要一个人去记忆，那十有八九记不住几个，但是将这些材料进行分类，记忆起来就容易多了。"

提米丝点点头。

"再加上，在制作思维导图时尽量使用短语来表达，这样就可以省略不少因组织语言而浪费的时间，避免昏昏欲睡的情况。"托尼经理讲出了思维导图可以提高效率的第三个原因。

"确实是哦！"提米丝很快就明白了托尼经理的意思，"利用天性容易事半功倍。"

"悟性不错哦！"托尼经理点点头。

"但同样用思维导图，为什么我的导图感觉就是没有你给的导图执行感好呢？"提米丝想起了最初的疑问。

托尼经理说："你再看一下，我给你的导图分析到哪里了，而你的呢？"

提米丝发现了问题："我的分析比较概括，而你的分析已经到了可以执行的地步。"

"对！"托尼经理点点头。

小贴士：为什么思维导图那么有效

· 人对图像的记忆和注意程度远大于文字。

· 人对待事物的归类和提取的方式是联想式的。

· 省略了因组织语言而浪费的时间，避免昏昏欲睡的情况。

　　作者语：思维导图充分运用左右脑的机能，利用记忆、阅读、思维的规律，协助人们在科学与艺术、逻辑与想象之间平衡发展，从而开启人类大脑的无限潜能。

行动细分为何如此重要

　　提米丝继续问道："可是，为什么先分析到这种程度，比到时再开始细分、想办法的效果更好呢？"

　　托尼经理并没有因提米丝的打破砂锅问到底而感到不快，而是耐心地引导她："你先回忆下，按照自己的计划执行时的感觉。"

　　"感觉到时再想办法就会发现很多东西还没有准备好，或者没有想清楚，"提米丝回忆道，"于是，就准备去弄清楚，结果时间就在不知不觉中浪费掉了。"

　　托尼经理继续引导她："你再想想，如果你事先就细分好了，那么在执行的时候会有什么不同？"

　　"执行的时候就直接做，而不必老是停下来想。"提米丝又有了新的疑问："难道这里面也有什么天性吗？"

托尼经理点点头道："还真有。"

提米丝想到了之前的内容，"是不是跟之前提到的一心一意的道理差不多？"

"差不多吧！"托尼经理说，"其实，**人一次能够高效做的事情非常有限，所以，需要尽量一次完成一件事情。**更具体地说就是，一次完成一个动作，这样会使整体效率高很多。"

提米丝点点头，"这个好像流水线的原理。"

托尼经理表示认同："对，这种分解到简单行动的生产方式，让企业的效率一下子就能提升不少。"

经过此番引导，提米丝开始明白一些了，"所以，我在制作思维导图计划的时候也应该分解到行动这步。"

托尼经理很满意提米丝的悟性，"对，好好加油吧！另外，希望你能坚持画导图21天，最好3个月以上。"

提米丝笑着问道："这难道又有什么天性的原因吗？"

托尼经理点点头，"是的，**形成一个习惯最起码需要3周时间**，如果坚持3个月，那么这个习惯就永远是你的了。"

提米丝感激地说："谢谢经理。"

托尼经理笑道："你要是学好了，ISO推行的时候，我也可以轻松很多，谈不上谢。另外，建议你在业余时间好好学习一下办公软件的使用，这个在以后大有用处！"

提米丝点点头，"我会加油的。"

回到工位，提米丝立马对自己制作的思维导图进行了修改。

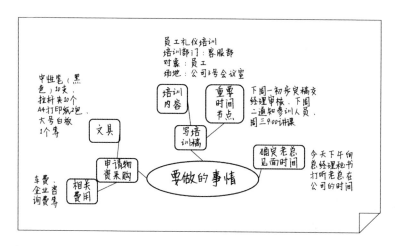

务实思维

有了思维导图这个工具后，提米丝感觉自己的工作效率和以前完全不一样了。每次，她都会把事情细分到位，然后去执行，这样，在执行的过程中，只需要扫一眼，就知道要做什么，完成后打勾。在打勾那一瞬间，她特别有成就感。她的心情也在这一次次的打勾中变得越来越好。

托尼经理也看出了她的变化。她连忙对托尼经理的指导表示感谢。在感谢之余，她的好奇心犯了。

她问托尼经理："经理，你当时为什么选我到这个部门呢？"

面对如此的提问，托尼经理感觉怎么解释都不对。说真话吧，怕伤了她好不容易建立的那点自信；说假话吧，感觉在骗她。不过，好在他有办法。

他说："你认为有几种可能呢？"

提米丝想了想："唔，要么是你觉得我有潜质；要么是我原来的部门不要我了，把我塞过来的。"

托尼经理接着问："如果是其中一种，你在这里应该怎么做呢？"

提米丝想了想，回答道："要是前者，我应该努力工作，对得起你的青睐；要是后者，我也应该努力工作，让看不起我的人刮目相看。"

托尼经理点点头，"对啊，所以无论怎样你都要努力工作。与其想那些不确定的，还不如把握自己可行的。"

经这么一提点，提米丝感觉思维清晰多了。

托尼经理接着说："这其实就是一种务实的思维，在职场中非常重要。影响事情发展的因素很多，但唯有行动是你可以把握的。"

他继续解释道："作为一个成熟的职场人，要多想自己可以把握的行动，因为行动是改变外界非常重要的着力点。而且，人也可以在行动中使自己的能力越来越强，让自己越来越有信心。"

此番话让提米丝醍醐灌顶。

晚上，她将自己的感受写在了记事本上：

"虽然，我现在有很多的不足，但我需要关注的是那些自己能把握的。

希望就在改变之中。

提米丝的现学现卖

工作之余，提米丝会和她的闺蜜丽丽一起出去玩，周末一起喝喝茶、聊聊天是一件惬意的事情。

丽丽是一个梦想很多的人，她絮絮叨叨地跟提米丝讲了好多，最后觉得创业更符合自己的梦想。

提米丝一如既往地支持。

千里之行，始于足下。丽丽感叹自己困难重重，"哎！现在真是觉得时间不够用，有太多事情需要去处理了。"

提米丝连忙询问详情。

丽丽说出了自己纠结的事情："我想去市人才市场咨询档案的问题，但总是忙忘了。"

看来她和提米丝有着一样的毛病，但这次，提米丝没有放过这个问题。

她问丽丽："你总是很忙吗？"

丽丽支支吾吾地说："其实也还好，就是觉得去那个地方很花费时间。"

提米丝继续询问："估计要花多长时间呢？"

丽丽想了一下，说道："坐公交需要3小时甚至更长，而且那个地方我不是很熟悉。"

要是以前，提米丝会认同她的看法，但这次，提米丝没有。

她说："除了公交车，应该还有其他的办法呀。"

丽丽点点头，"对呀！"但转念一想，她皱起了眉头："打车也可以，但花钱比较多。"

提米丝再次把问题具体化："估计要花多少钱呢？"

丽丽想了一下，"100元吧。"

提米丝严肃地说："美女，档案可是很重要的哦。"

丽丽一愣，点点头说："是的。"

提米丝接着说："100元与这个相比，真的算不了什么。"

丽丽的眼中泛起了亮光，连忙说："明白了！我下周就挤半天时间去！"

　　此时，丽丽觉察出了提米丝与以往的不同，忙说："你最近进步蛮大嘛！我经你刚刚一分析，思路清楚多了。"

　　提米丝笑道："哪里，我也是现学现卖罢了。"

　　丽丽赶紧追问："你能具体讲讲是什么方法吗？"

　　提米丝答道："也就是，**想办法把事情分析到可以具体实施的地步**。"

　　丽丽跟上她的节奏，说："分析好像没那么简单吧。"

　　提米丝点点头，继续说："在分析的过程中会遇到不少拦路虎，但是用心想想，会发现不少都是纸老虎。"

　　丽丽点点头："就像刚才，有时可以通过换个方法，有时是比较重要性，以此来化解拦路虎，对吗？"

　　1. 明确自己的目标。

　　2. 找到实现目标的方法和途径。

　　3. 如果遭遇不明晰的事情，就想想具体的障碍是什么。

　　4. 找到具体障碍，想想怎么做可以解决或者绕开这个障碍。

　　5. 如果需要付出代价，就比较代价和目标谁更紧急、更重要。

提米丝笑着说道："对，刚开始我不是很熟练，但用着用着就喜欢这样分析了。"

丽丽连忙求教："有意思，你可以详细写下来吗？"

于是，提米丝在纸上，写下了自己的一些体会（见前页图）：

提米丝总结道："其实就是不要让想法仅仅停留在脑中，因为只有行动了才有改变的可能。"

丽丽提出了自己的疑问："如果需要我付出很大的代价，收益却很小呢？"

提米丝笑道："哈哈，这还不简单，要么换解决方法，要么放弃。"

接着，她在纸条上补充了第六条：

6. 如果代价太大，那么就需要评估目标的必需性，或者干脆换个妥协的方案。

丽丽赶紧像宝贝一样收藏了这张纸条。

CHAPTER 4
定能生慧

外婆的智慧

随着品质管理部工作的展开，提米丝的工作变得越来越多了，再加上对很多工作不熟悉，所以，她回家赶工的次数也越来越多。

提米丝的外婆看到外孙女如此繁忙，有些心疼，于是特地熬了点八宝粥。

但提米丝一进屋就完全沉浸在自己的工作中，外婆叫了她几次，她都没有去喝粥。

"哎呀！好几项任务都冲突了，这个有点麻烦呀。"提米丝心想着。她想赶快解决这一个麻烦，但越急越觉得思绪一片混乱。虽然这段时间她的能力有所提升，但有时还是会感到吃力。

"你最近好像很忙呀！"外婆说。

提米丝点点头，"是呀，正在为几件事情头疼呢。"

外婆叹了一口气说："你呀，事情一多就发急，但越急思维就会越乱。"

提米丝点点头。

"既然想不出来，不如先来喝点粥吧。"外婆提议。

提米丝觉得这话有道理，于是就放下工作去喝粥了。

外婆煮的粥软糯香甜，提米丝一下子就喝光了，脸上多了几分暖意。

外婆说：**"越忙越是要放松下来，让心也静下来才有好主意。这叫静能生定，定能生慧。"**

"定能生慧。"提米丝重复道。

外婆继续说："对！就这个理儿。老人家的话还是要多听的。"

提米丝笑嘻嘻地点了点头。

喝完粥的提米丝感觉好多了，她又坐到桌子旁，继续工作。

过了一会儿，她就发现了事情的解决方法，理出了头绪。

"定能生慧这个道理果然没错！"她心想着，"要是有更多快速静下来的方法就更好了。"

"明天问问托尼经理，没准他有办法。"这个念头从她的脑海中冒了出来。

人脑的波段

第二天，在托尼经理询问工作安排的时候，提米丝很快就说出了自己的安排。

托尼经理说："不错嘛，这么快就有思路了。"

提米丝笑嘻嘻地说："还不是经理指导得好。"

这句话让托尼经理感觉很受用，脸上露出了几分得意。

"经理，昨天我有了新的体会。"提米丝说出了自己的问题，"在思考时，个人的状态非常重要。那我该如何确保自己处于一个好的状态中呢？"

托尼经理被她的用心所打动，问道："你是怎么想到这个问题的呢？"

于是，提米丝就把昨天发生的事情说了一遍。

托尼经理点点头说："定能生慧从脑科学的角度来说，就是让大脑处于一个最有利于创造和思考的波段。"

提米丝连忙去网上搜索，发现了以下文字：

1. α波主要出现在人们闭目、安静的时候，此时人的意识清醒而身体处于完全放松状态，这个时候创造力非常好。

2. β波也出现在人意识清醒的时候，不过随着β波的增加，身体逐渐变得紧张。

3. θ波的出现是中枢神经系统抑制状态的一种表现形式，个体疲倦时可见，缺氧或深度麻醉时也可能出现。

4. δ波在睡眠的时候出现，但在缺氧、大脑器质性病变或深度麻醉的时候也可能出现。

托尼经理接着说："你当时是在吃了东西后感觉到了放松，从而有了好状态。"

提米丝点点头，"对，但我不能保证每次吃了东西就有好状态。"

托尼经理补充道："而且，你也不能保证在任何有需要的时候就能吃到东西。"

提米丝表示认同。

"其实，要达到放松的状态，方法有很多，比如，散步、看电视、聊天等。"托尼经理说，"还有听音乐、看书、做点轻运动也是。方法很多，但往往受场景的限制。"

提米丝点点头说："在公司里就比在家里受限制多了。"

"当然，在公司里也是有方法的。"托尼经理说，"比如，走动走动、喝点水、翻阅资料。当然，要根据具体情况。"

提米丝继续询问道："那有没有限制不多或者完全不受限制的方法呢？"

"有！"托尼经理非常肯定地说。

这一下子就引起了提米丝的兴趣，她忙问具体是什么方法。

托尼经理沉默了一会儿，说："方法是有，但需要一定时间的练习才能熟练。"

"多长时间？"提米丝问。这段时间的工作训练，让她养成了具体询问的习惯。

托尼经理说："起码1周，最好3个月以上。"

要是放在以前，提米丝一定会认为时间很长，但这次不一样，她信心满满地说："思维导图我都坚持了1个月，这个我也能完成。"

托尼经理点点头，"嗯，好的东西是需要花时间的，坚持越久效果就越好。"

提米丝全神贯注地看着托尼经理。

托尼经理决定卖点小关子。他继续说："方法非常简单，而且我们随时随地都在进行……"

提米丝笑嘻嘻地说："经理，您还是快讲吧。"

托尼经理放慢语速，说："那就是呼吸。"

快速调整状态的呼吸法

"呼吸？"这个答案简单得让提米丝惊讶不已。

托尼经理补充道："这个不受限制，而且练习越久效果越好。"

提米丝有点理解了，继续问道："哦，那我该怎么做呢？"

托尼经理说："我这里刚好有一个这样的方法，你先试试吧！"说完，将一个电子文档传给了她。

提米丝感激地说："谢谢经理。"

回到家，提米丝打开文档，学习放松呼吸法。

吸气

缓慢并深深地按"1—2—3—4"吸气，约4秒钟使空气充满胸部。呼吸应均匀、舒适而有节奏。

憋气

把空气吸入后稍加
停顿，同时，感到
轻松、舒适。

呼气

要自然而然地，
慢慢地把肺底的
空气呼出来。此
时，肩膀、胸，
直至膈肌等都感
到轻松舒适。

重复多次，直到你感到浑身放松。

这个过程也可以睁着眼睛，坐着或者躺着进行进行

经过几次练习，提米丝体会到了呼吸法带来的浑身放松的感觉。

加强版的呼吸法

第二天，托尼经理询问了提米丝的情况："提米丝，昨天呼吸法用得如何呀？"

提米丝说出了自己的体会："用了，就是感觉效果来得比较慢。"

托尼经理严肃地说："所以，这个方法需要坚持，主要是因为它可以随时随地使用。"

提米丝继续追问道："经理，那有没有起效快且适用广的方法呢？"

托尼经理点点头说："有，但这种方法要求有相对独立的空间，具体来说就是有几分钟不被外界打扰的时间。"

提米丝认真地倾听。

托尼经理继续说："这种方法有非常多的表现方式，为了达到更好的效果，往往需要个性化的设置。"

"个性？"提米丝有些好奇了。

"你应该是个视觉型的人，对图像比较敏感，那我就先根据你的特点讲讲这个方法。"托尼经理丢出了一个提米丝从来没有听过的术语，这让提米丝有点发懵。

托尼经理打断了她的这种状态，说："你先照着我的提示来练习，至于类型，等会儿我会告诉你。"

"好的！"提米丝学习的劲头又上来了。

于是，托尼经理又给了她一个电子文档。

提米丝打开来看：

呼吸冥想法

先进行前面提示的呼吸放松法，然后加入想象。

当你越放松，想象效果将会越好。

呼出气体，感到肩膀、胸，直至膈肌等都轻松舒适。

想象吸进的气体是清新的颜色，而这种颜色从你的鼻腔一直染到你的肺部。

而你的身体也在这种颜色渲染下变得越来越光亮。

而你呼出的气体是灰色的，这些气体带走了你的疲劳和压力。

重复多次，直到你感到浑身放松。

然后，慢慢睁开
你的双眼，感受
这种舒适。

同样，这个过程也是可以
坐着或者躺着进行的。

回到家中，提米丝照着做了几次。渐渐地，她发现越练习自己的放松速度越快。她从刚开始的几分钟才能感受到放松，到只需要做几次呼吸就有感觉。后来她发现自己可以不需要想象，单纯凭着呼吸就能很快放松。

"也许继续这么练习下去，我就能通过改变呼吸方法产生放松的感觉。"她心想。

CHAPTER 5
学以致用

购物记

除了工作中，在日常生活里，提米丝也发现了思维导图的用处。

一天，提米丝的妈妈提议去超市进行节前采购。提米丝询问妈妈要买什么东西。妈妈想了想，非常粗略地说了一句："要买牛肉、鱼、木耳。"

提米丝的妈妈记性不太好，有时要重买好几次，这非常浪费时间。提米丝灵机一动，心想：没准可以用思维导图减少重复购买的次数。

于是，她拿出一张白纸，画上一个导图中心：购物。

接着，她开始询问妈妈："妈，你要买吃的，还是用的呀？"
妈妈想了想，说："都有吧。"

提米丝详细问："要买哪些吃的呀？零食？干货？"

"让我想想。"妈妈开始认真思考，说，"要买点牛肉、带鱼，还要买点桂圆干、白木耳，另外还要买点米酒。"

提米丝一边在纸上认真地记录，一边询问："那要买多少呀？"

妈妈认真地回答："牛肉10斤，带鱼5斤，桂圆干1斤，白木耳半斤。"

提米丝画着图，继续询问："那米酒呢？"

妈妈答道："米酒买个小瓶的就可以了。"

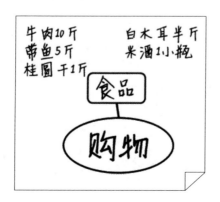

提米丝继续问："哦，还要买哪些呀？"

妈妈的思路被打开了，她说："还要买蔬菜和水果，豌豆苗和苹果就可以了。"

提米丝继续将清单具体化，她问："大概买多少呀？"

妈妈也很配合地说："豌豆苗1盒就够了，苹果2～3斤就可以了。"

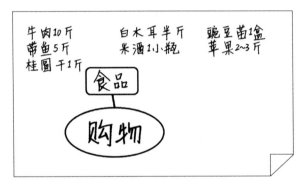

"还有呢？"提米丝继续问道。

妈妈的灵感好像被激发了，她一口气说了不少："对了，还有调味品，味精、鸡精、白糖、胡椒粉要各拿1袋，咖喱块要拿1盒。"

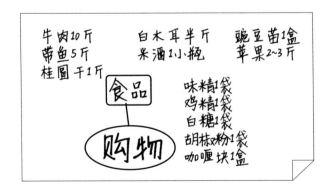

提米丝飞快地记录着，接着询问另一大类："那用的呢？"

这次，妈妈说的也不少："家里的抽纸用完了，等会儿买1提。另外，要买个收纳盒。对了，我的润肤露用完了。"

看来要买的东西真不少呀。

妈妈继续说着："要是能买个拖把就好了，另外，家里的洗衣液和洗发水也快用完了。"

这么算下来，要买的东西真是不少呀。

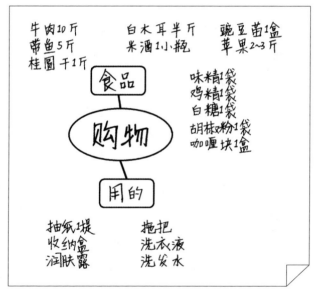

提米丝意识到了一个问题："妈妈，就我们两个人去超市吗？"

"对呀！"妈妈回答。

"要买这么多，得要带个购物拖车呀。"提米丝一边提出自己的建议，一边将图递给妈妈看。

妈妈看了看这张图，好奇地问："你画的是什么呀？"

　　"思维导图。"提米丝答道。

　　"画得像个蜘蛛网一样！"妈妈说道。

　　"呵呵，有用着呢！"提米丝笑盈盈地跟妈妈讲解了思维导图的用处。

　　经过提米丝这么一说，妈妈立马觉得这个图还是蛮有用处的。她又想到了还有一些东西要买，说："对了，还要买瓜子、松子、糖、一次性碗筷、拖鞋。"

　　提米丝心想：这拿得回来吗？她认真地说："妈，你不觉得买得太多了吗？"

　　"确实。"妈妈也意识到了这个问题。

　　提米丝跟妈妈商量道："你看，那个拖把能不能网购呀？"

　　"这靠谱吗？"妈妈询问。年长的人对网购很陌生，对此顾虑很大。

　　提米丝向妈妈说明："我同事前几天网购了一个，价格不贵，用着也不错。"

　　听到提米丝这么说，妈妈也答应试试。

　　提米丝接着说："胡椒粉之类的，在我们家附近就有卖的，价格也差不多。如果东西太多，能不能这次就不要买了。"

　　妈妈点点头说："好吧！"

　　于是，提米丝在相关项目上进行了标注。

最终，这张导图变成了：

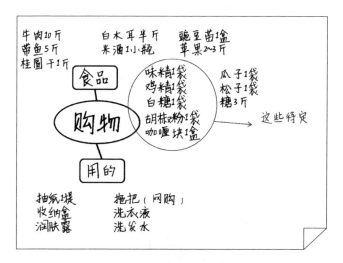

于是，母女两人就拿着这张导图去购物了。有了导图的指引，要买的东西很快就找到了，一件没落。唯一的缺点是：提米丝把导图做得太大，她们购物时拿在手上过于引人注目。

提米丝心想：下次要记得把思维导图誊写在几张小纸上，或者用手机拍照，就不那么显眼了。

总而言之，思维导图帮助她们节省了不少逛来逛去的时间。

小贴士：用思维导图做清单的好处

· 记录，少遗漏。

· 提点，让思维更全面。

· 方便提前预估，从而提早想出对策。

作者语： 用手机拍照存档，是记录思维导图的一个妙招哦！

思维导图在学习上的运用

预防学习中的思维中断

一天，托尼经理询问提米丝办公软件学习的情况。

提米丝回答："看了一些东西。"

托尼经理详细询问："哦！有什么收获呀？哪些是你现在正在用的呀？"

提米丝支支吾吾地回答："只是看了一些，还没怎么用。"

"那你看个啥呀！"托尼经理有点失望。

于是，提米丝开始找借口："经理，最近工作越来越忙，我能静下心看书的时间很少。"

托尼经理严肃地说："既然花了时间就得有成效，这是对时间的尊重。"

这么一点拨，提米丝想起了自己的疑问："经理，我突然想起两个问题。"

托尼经理说："说吧！"

提米丝说："我觉得在学习的过程中，被打断是个很麻烦又很常见的事情，你是如何解决的呢？"

托尼经理反问："学校里面也是这样吗？"

提米丝回答："学校里面还好。因为学校里面有大量的时间进行学习，所以影响没有这么大。"

托尼经理继续问道："哦，不习惯。那还有一个问题呢？"

提米丝继续说："即使不被别人打断也有麻烦。我觉得在学习的过程中，一些杂念一出现，整个学习效果立马就下降了。"

托尼经理总结道："也就是外界打扰和内心干扰的问题。"

提米丝点点头："对！"

托尼经理说："表面上，你问了两个问题，实际上你就问了一个，那就是学习中间的思维中断。"

提米丝忽然有点感悟，她说："经理之前讲过的静心方法可以用在这里吗？"

托尼经理点点头，"可以，其实你还是可以用思维导图的。"

提米丝的好奇心上来了，连忙说："是的，但是不怎么会用，望经理指导！"

托尼经理感叹："你真是……"

撒娇是小女生的法宝，提米丝嗲嗲地说："经理……帮帮忙吧！"

看来效果还是不错的，托尼经理叹了口气说："算了，遇上我真算你的运气好。"

提米丝笑嘻嘻地附和："是的，是的。"

目标感的重要性

托尼经理说："既然是学习操作技能，那么关于实用性这个标准是非常重要的，而这个其实可以问你自己。"

提米丝有点不明白。

托尼经理接着说："想想看，你学的这个技能要在什么

地方用？"

提米丝回答道："学这个是为了提升ISO推行工作的效率。"

托尼经理点点头，"对，到时你的很多时间将会花在校稿、修改页面格式、会议纪要、文档管理上。"

提米丝为自己不熟悉业务感到羞愧，她说："这些我听起来都没什么感觉。"

托尼经理看了她一眼，说："你可别告诉我你没信心呀。"

提米丝倒挺坦诚："就是没信心嘛！"

托尼经理一时无语。

但提米丝很快就转过弯来了，她笑嘻嘻地说："不过，我相信在经理的带领下，这些都不是难事。"

拍马屁这一招好像起了效果，托尼经理说："所以你要服从安排。"

"是的，是的。"提米丝连连赔笑。

托尼经理直起身子，说道："顺便给你个任务，学习后，你给公司相关人员做个办公软件培训。"

提米丝愣住了，她没想到自己被绕进去了。

托尼经理得意地说："相信我，这个你能行的！"

提米丝只好答应了。

托尼经理继续说："别急着去做。首先，你先想想，你要做什么？"提米丝有所感悟："噢，那我现在就是要学怎么用办公软件快速完成基础操作，对吗？"

托尼经理点点头，"对，那你要如何做到呢？"

提米丝想了一下说："网上搜索如何快速提高办公效率、修改格式、调整页面等。"

托尼经理补充道："对，为了防止你思考得不够全面，你可以看看相关视频、网站以及书籍。"

提米丝感叹："看来，要做的还有很多呢，但现在至少有个头绪了。"

给探索一个空间

托尼经理安慰道："面对一个比较陌生的领域，谁也不可能想得那么全面，有时会全盘否定自己原来的想法，但这就是一种提升。不找不做，光想是永远达不到的。"

提米丝追问："经理能讲得更具体些吗？"

托尼经理提点道："回想小学时候的你，你是不是会感觉当时有很多想法很好笑，还会自我设限？"

提米丝点点头。

托尼经理接着说："但是，你想想在这个过程中，你其实学了很多，经历很多自我思维突破，才会有种不一样的视角。"

提米丝表示认同："是的！但是现在要如何做到呢？"

托尼经理赞许道："不错哦！问题越问越有深度了。"

提米丝吐了吐舌头，说道："我只记得经理教过的，要弄清楚怎么做。"

托尼经理说："但这个是有前提的，那就是在风险可控的情况下，才能使用你的好奇心。"

"好奇心？"提米丝感觉自从出了校门以后，好久都没有人提到这个词了。

托尼经理继续说："世界远比我们所知的大，要想获得更多，就必须掌握更多的规律，而规律的掌握是需要学习和实践的。"

这点提米丝表示认同："光想是永远想不出来的。"

托尼经理点点头，"对，这个就需要一颗谦虚而好奇的心。不学、不实践是永远不会追求到自己想要的那个样子的。"

提米丝觉得这句话过于深奥，她笑嘻嘻地说："好有哲理哦！"

托尼经理听出了她的讽刺，说："这话怎么听起来这么别扭呢？"

提米丝连忙说："呵呵，经理你想多了。我就是急于提升嘛。"

托尼经理点点头，说道："那好，这个办公软件培训在下个月中旬进行。"

提米丝愣住了。

有什么办法呢？她只能答应了。

"看来，还是不要轻易跟领导开玩笑的好。"她心想着。

小贴士：思维导图在学习中的作用

· 防止中断，保持连续感。

· 更好地把握整体性和方向性。

· 加强记忆。

· 方便复习。

作者语：学习需要保持兴趣，坚持下去，才会看到新的自己。

提米丝的再次执行

再次茫然

回到家中，提米丝开始了学习。她感叹：这段时间是看了不少东西，但一回想自己能运用什么，就茫然了。

提米丝开始怀疑使用思维导图来学习的可执行性，但转念一想，试试也没什么损失。于是她开始行动了。

她在白纸上写出了中心。

然后准备画出大分支。

　　她想：“这个导图的目的是指导我学习，那我可以试着从自己要运用的方面进行分支。”

　　于是，导图画成了这样：

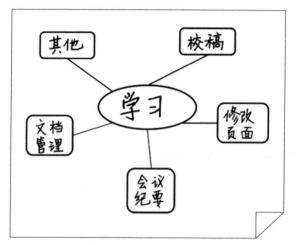

　　她感觉思维一下子就清晰了不少，于是继续往下进行分支。

　　她先思考的是校稿方面的信息。

　　在网上找了一会儿，她发现了一个很有意思的校对软件，以及几篇Word使用技巧分享。

　　旗开得胜让她很是得意。她心想：“刚刚那个软件蛮有意思的，我再看看有没有其他的校对软件。”

　　但这次就没有那么顺利了，20分钟过去了，她一无所获。

　　她心想：如果这样下去，就不知道什么时候可以弄完了。

　　她陷入了茫然。

如何看待学习中的疑惑

第二天，她带着问题去问托尼经理："我昨天在学习的过程中遇到了混乱，不知道怎么才能快速解决。"

托尼经理问道："具体是什么问题呢？"

提米丝说："我还是按照你以前教的方法，先画了主体，但在对个别分支进行细化的时候，我发现信息量实在是太大了。"

托尼经理总结道："所以，你就觉得晕。"

提米丝点点头，"是的，而且时间花了不少。"

托尼经理反问道："你在学习之前有没有对你马上要进行的学习效果有个预估？"

提米丝愣住了。

"看样子是没有。"托尼经理叹了口气，"如果一开始把目标定得太大、太虚，那么要达到这个目标的可能性将会非常小，这样就很容易产生挫败感，久而久之人就会失去信心。"

提米丝点点头，"是的。"

托尼经理继续说："所以，拟定可达到的目标是不可省略的，而且是需要始终注意的。"

提米丝委屈地说："我也是这样做的呀。你以前要我在做计划时分析得够细，分析到可执行的步骤最好，但这次有太多未知，我感觉分不下去了。"

托尼经理说："对呀！所以，你就进入误区了。学习知识时如果毫无目的，那么越学越会觉得自己不懂的更多。就像爱因斯坦说过：当我掌握越多，就越知道自己不懂的更多。"

提米丝点点头，谦虚地说："经理告诉我怎么避免吧。"

托尼经理说："以追求完美的心态去学习，那学习将是个非常漫长的过程。当然，这也是学习的美妙之处。"

提米丝有点不明白了。

托尼经理把话一转："不过，公司要的是结果，你必须服从这个。"

提米丝点点头，说："对，我要的就是这个。"

预估学习效果的重要性

托尼经理继续说："所以，你必须对即将进行的阶段学习效果有个预估，先看看有多少可使用的时间。"

提米丝一时反应不过来，呆呆地看着托尼经理。

托尼经理解释道："比如，你新开始一个领域的学习，只有1小时来学习，那么你这段时间的目标最好设为什么呢？"

提米丝有点明白了。她说："昨天，我设定的应该是对这个范围有个大概的了解。在感到混乱的时候，我不应该深究下去，而应该马上进入下一个项目。"

托尼经理点点头，笑道："对，在时间不多的时候，一定要抓住重点，不要迷路。"

提米丝有所感悟地说："我想起来了，我可以同时把迷糊的点标注在导图里面。"

托尼经理笑着说："呵呵，你的思维还真是蛮跳跃的嘛。"

提米丝笑嘻嘻地说："谢谢经理夸奖。"

托尼经理继续说："不过，这种思维是非常容易迷路的。"

这么大的一个转弯让提米丝猝不及防。

托尼经理沉下脸来，说："所以，你更**需要把握重点，既然方向感不好，就要注意导航。**"

提米丝调皮地说："我在迷路的时候会非常主动地问路人。"

这次轮到托尼经理愣住了，他不快地说："所以，你现在就把我当路人了。"

提米丝笑嘻嘻地说："哪里，我是把你当导航。"

看来托尼经理还是吃这套的，他得意地说："呵呵，嘴还是很甜的，但工作还得继续努力呀！"

"我会的。"提米丝这句话说得很坚决。

等提米丝离开办公室后，托尼经理想："哎，这么莽撞的个性，后面还不知道会发生什么呢！"

"但愿勤能补拙吧！"他自我安慰道。

小贴士：学习方法因目的不同而不同

· 了解相关内容：简单翻阅。

· 学习知识点：注意体系。

· 学习方法：注意演练。

CHAPTER 6
坚持下的收获

老妈想要学网购

网购的拖把几天后邮寄到家了。提米丝的妈妈看到新拖把很开心，顺便好奇起网购的事宜。

她问提米丝："你们年轻人现在都网购吗？"

提米丝笑道："其实，现在已经有不少像您这个年龄段的人也在网购了。有的爷爷奶奶还给自己的孙子孙女网购零食呢！"

妈妈感叹："这也可以呀！我只弄过邮购。"

提米丝好奇了："什么时候呀，我怎么没印象呢？"

妈妈得意地说："那是20年前了，我当时是看报纸杂志上的广告，把钱汇过去，然后等对方把东西邮寄过来。"

"买了啥呀？"提米丝问道。

妈妈笑着说："就买了几本书，其他的我也不敢买。"

提米丝有疑问了："这样不怕对方拿了钱不寄东西或者东西与广告差距太大吗？"

妈妈点头回答道："当然担心了，所以我只买了几次。那现

在是怎么解决这个问题的呢？"

于是，提米丝给妈妈科普了一下相关知识。提米丝总结道："因为解决了他人的顾虑，他人才会更好地成全你呀。"

妈妈点点头说："确实如此！"她一下子就来了兴致，也要学习网购。

提米丝心想："老妈不会成为剁手党吧！"

学会不纠结

回到屋里，提米丝继续学习。她算了一下，发现自己大概有1小时可以不被打扰。

"这次一定要严格控制自己。"她暗下决心。

她把上次的几点收获写在导图上，然后就开始查找会议纪要

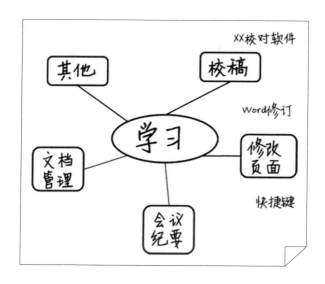

的部分。

　　电脑上显示了她想找的一个内容：会议纪要应写清楚会议名称、时间、地点、主持人……

　　提米丝看完，感觉这个方式有点复杂，于是继续搜索，但结果让她很失望，网上找到的会议纪要写法都是要求全程一字不落地记录。

　　她可以想象到时写会议纪要将是一项非常花时间的事情。

　　"哎！我又不是速记员，要想一字不落完成记录，就得进行录制、听写、校稿这三个流程。"提米丝皱起眉头。

　　但这次她很快就从这个旋涡中跳了出来，"先不想了，做好标注，明天问经理。不纠结于一点。"

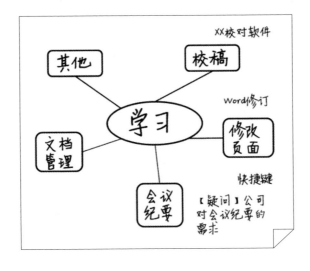

不再害怕琐碎

　　她继续进行第三个部分：文档管理。这让提米丝想起人事行政部的那段工作经历，内心不由得"咯噔"一下。她调整了一下呼吸，继续搜索。

　　她看到了好多软件，但觉得在目前的阶段使用这些有点不现实，于是决定找找看有没有其他的。

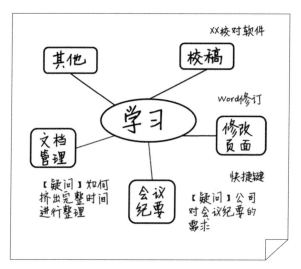

　　看来，提米丝已经有点务实精神了。

　　找了一圈，她发现内容无外乎是划清文档的用途、规划、结构等目前公司都有的内容。

　　她决定从自己的难点开始突破。

　　"我的麻烦是老被打断，然后忘记从事的工作。"提米丝分析道，"但现在，我已经把工作都记下来了，这个问题的影响好像不是很大了。"

在努力过程中，往往会产生许多非常重要的副产品，提米丝发觉自己在不知不觉间已经不那么害怕琐碎的工作了。

她继续思考："如果，我把文档隔一段时间都整理得清清楚楚，那么查找起来也会更快。但做这些需要大量的时间，这该怎么办呢？"

虽然提米丝的思维开始变得越来越务实和积极，但这并不意味着没有问题。

"还是不多想了，先记录下来吧。"提米丝决定跳过去。

就这么跌跌撞撞地，她进行到了最后一项：找找软件学习方面的视频和书籍。

"既然不熟，那就从看视频开始学起吧。"她心想。

由于前几项都做了良好的标注，提米丝看视频的时候，能够全神贯注，效率很高。另外，她也一边用思维导图将重点知识做了记录。

在不知不觉间，1个小时过去了。

"还有好些没有看。"她有点意犹未尽，"赶快把想看的几个记录下来。"

由于有了记录，她心里踏实了不少。

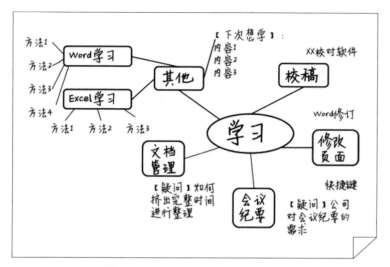

作者语：让学习化为自我的力量，而不是迷失。

提米丝的新点子

第二天，提米丝拿着写好的思维导图去找托尼经理请教。托尼经理为她的进步感到高兴，直截了当地说："这次，你的问题是？"

于是，提米丝就把思维导图上有关会议纪要和文档管理的问题说了出来。

托尼经理笑着说："其实，你刚刚提的问题，公司都已经有现成的解决方法了。"

提米丝瞬间有种白忙活了的感觉。

托尼经理看出了她的尴尬，安慰道："你要是不深入想，怎么会思考出你确切的问题呢？"

提米丝点点头，"也是。其实，文档管理对我而言重点是自我管理的问题。"她想到了托尼经理以前讲过的学习中的迂回。

托尼经理继续说："其实，会议纪要方面公司已经有了固定的格式。在我们公司里，会议纪要这部分的重点内容是记决议，然后就是找相关人员确认，最后是存档。"

提米丝问道："不跟踪决议内容执行吗？"

托尼经理点点头，"跟踪呀！这个是必须的，否则会议的意义将会失去很多。你需要考虑的是怎么把这部分的效率提高。"

提米丝点点头，"好的，我等会儿找份会议纪要来看看。"

托尼经理补充道："告诉你个诀窍，当你考虑并能照顾他人的麻烦，他人也会尽力配合你的。"

提米丝想起了昨天跟妈妈谈网购的事情。

她向经理表达感谢后，就去找了一份会议纪要看起来。看着看着，她发现了其中比较费时间的部分。

因为要求纸质存档，所以必须让参会的管理人员一一签字。要是碰上对方正在忙事情，就得把纪要放在那，过会儿去拿，就会很费时间。更不幸的是，万一赶上对方要出去办事或者出差，就更麻烦了。

于是，提米丝开始思考如何在其中做些力所能及的事情，从而帮助整个流程提高效率。

她开始从签字者的角度思考问题。

她想："经理们需要关注的是自己要做的事情，而没有必要

看完全篇。如果我把这个突出了，那么他们阅读的时间将会变得很短，那么，他们将会在收到会议纪要后，很快阅读完，并马上签字。"

于是，她决定以后就这么试试，而这个内容也记录在了那张思维导图上。

与此同时，提米丝的软件学习也在有条不紊地进行着。有了思维导图的学习导航，她感觉轻松多了，学起东西来也越来越有模有样了。

至于她害怕的打断问题，在思维导图中得到了很好的规避：被打断了，就在此处记上一笔，下次只要看看导图就知道自己上次进行到哪儿了。

于是，她就这么越用越灵活、越用越开心地使用思维导图了，刚到品质管理部时心中那份阴霾早已烟消云散。

"那么，接下来，我就要准备办公软件培训了！"她信心满满。

CHAPTER 7
知己难遇

知己米娜姐

随着提米丝思维导图学习的顺利进行，她的工作状态也越来越好。

但旁人只是看到她每天拿着一些奇怪的蜘蛛网图形。也有人好奇地问她，可当提米丝非常耐心地讲解时，对方只是笑而不语，之后就没了下文。无论是亲戚、朋友还是同事都是这样，提米丝感到很是奇怪。

她也没往深处想。"反正，我觉得有用就行。"她自我安慰道。

但生活还是给了她一个惊喜。

一天，提米丝许久不见的堂姐米娜突然造访，为提米丝的世界打开了另外一扇窗。

这几年，米娜一直在外地工作，这次找到机会调了回来。

提米丝的妈妈和米娜寒暄一番后，就去厨房做饭了。

米娜比提米丝大4岁，在一家公司任人力资源主管，是提米

丝的职场榜样。

　　米娜问："提米丝，最近工作如何呀？"

　　提米丝笑盈盈地回答道："还不错，在新经理手下学到了不少东西。"

　　米娜为她感到高兴："能遇到这样的上司，说明你的运气相当不错哦！"

　　提米丝笑着说："所以，我正在努力学习呀！"

　　米娜点点头，用一种过来人的语气说："等你阅历多了，你会更加明白，遇到一个肯帮自己的上级是很难得的。"

　　提米丝有点不明白，她说出了自己的感觉："可是，我觉得光是肯帮是不够的。"

　　米娜说："看来，你的要求还真不少哦！"

　　提米丝继续说："我觉得除了肯帮，还得能帮。"

　　米娜为她的天真感到担心："你的要求太高了！"

提米丝不好意思地说："这可能和我的职业目标有关。我的梦想是做一名优秀的培训师，所以我更在乎的是找到有效的、方便推广的提升方法。"

米娜问："那你找到了吗？"

提米丝回答："目前发现了一种，正在运用中。用了它，我做事情已经比以前有条理多了。"

这引起了米娜的好奇，她忙问："这个方法可以跟我讲讲吗？"

正巧，提米丝的房间里就有一张绘制好的思维导图，于是她领米娜进了房间。

提升比面子重要

米娜拿起图认真地端详，说道："好像在哪儿见过，但以前没认真看过。"

提米丝点点头，说："这个方法已经流传五六十年了。"

"这么久呀！你跟我讲讲它的用法吧！"米娜很想知道这个方法怎么用。

于是，提米丝就把思维导图的一些用法告诉米娜。与其他人不同的是，米娜听完后表现出非常强的认同。

看到米娜欣喜的样子，提米丝提出了她的疑问。她说："有不少同事和朋友问过我方法，但我只要一认真讲，他们就没下文了。我很奇怪，他们为什么会这样？"

米娜莞尔一笑，回答道："这个很正常呀！"

提米丝更加困惑了。

米娜继续说："他们只是想满足自己的好奇心，而不是真的想提升自我。"

提米丝有点不明白，她问："切实的提升不是更重要吗？"

米娜尽量用提米丝听得懂的语言解释道："但这样就会让他们觉得自己不如你，就丢了面子。"

在这方面，提米丝真的有些天然呆，她一时没有反应过来。

米娜耐心地说："很多人是特别在乎面子的。"

提米丝继续问道："那米娜姐为什么刚刚就放下了面子？"

米娜甜甜一笑，回答道："因为我也觉得切实的提升比面子更重要。"

此时，提米丝有种找到知己的感觉，笑得非常灿烂。

米娜继续说："这个方法，我回头也试试。有空多联系！"

提米丝点点头，"好的，其实，我也有不少问题想问米娜姐呢！"

米娜赞许道："呵呵，有梦想的人思维果然不一样！"

提米丝有点不好意思地说："哪里，我只是觉得这样比较开心，事实也证明我这样做比较有价值。"

米娜拍拍她的肩膀说："加油！相信你会进步得很快的。"

"谢谢！"提米丝这句话说得十分响亮。

小贴士：不被理解是常态

· 与学校不同，职场提升过程中，伴随的往往不是赞
扬和掌声，更多的是不理解，甚至是嫉妒。

· 但无论如何，进步是自己的事情。这个时候你更需
要做的是，问问这是否与自己想要的相关，以及这
样的努力是否取得了实质性的效果。

· 如果以上都是，那么，坚持下去！

**作者语：你要的不一定是对方要的，要以平常心看待自己的
进步哦！**

思维导图学习的四大误区

一周以后，提米丝再次遇到了米娜，又谈起了思维导图。

"提米丝，我在网上搜索了一下有关思维导图的内容，发现
你教我的这个和它们还是有一些出入的。"米娜说。

提米丝点点头说："对！我也发现了。我的这个导图非常简
单，而网上的很多导图往往画得非常精美。"

"不过，我还是更喜欢你这个。"米娜直接表明了自己的态

度，"如果按照那样画，实在是太花时间了。职场人士一般承担不起这个时间花费，除非这个导图是以展示给他人看为目的而绘制的。"

提米丝点点头，"其实，就我的体会，我感觉思维导图最大的优势是方便整理，而并没有那么强的帮助记忆的作用。"

这点米娜认同，"对！<u>记忆有它自己的规律，整理只是起协助作用</u>。"

提米丝为自己拥有这样一个知己感到高兴，她感叹道："米娜姐，你真的想得好细哦！"

这反倒让米娜有些不好意思了，她笑道："我只是结合自己的经验在谈，而你现在就这么努力，以后一定会发现得比我更多。"

这个夸赞让提米丝特别受用。

小贴士：思维导图学习的四大误区

· 过分夸大思维导图的作用。

· 将思维导图弄成地图绘制。

· 过于纠结细节。

· 将思维导图弄成一个知识搬运的过程。

作者语：工具就是工具，是为了提高效率而使用的（这可是作者冒着被人炮轰的危险说出的学习体会哦）。

"提米丝。"米娜把话题一转，"职场毕竟不同于学校，你的进步给你带来的并不全是赞美和奖励，就像你上次给我讲的冷遇，这在职场里太正常了。"

提米丝点点头，"是呀！人都习惯跟着利益走嘛！"

米娜意味深长地说："也对，也不对！"

提米丝没明白过来，忙问为什么。

米娜说："利益固然谁都想得，但如何看出是利益，就与个人的境界有关了。就像你和你的经理看出思维导图的价值，但还是有很多人看不出。在他们眼中，这远没有面子更有价值。"

"那谁对呢？"提米丝问。

"没有对错。"米娜答道，"只是计较面子这个事情，往往会让人陷入被动。而被动的生活和工作本身就是一件很痛苦的事。而你选择积极的心态去学习解决工作中的麻烦，且不说结果，至少这个过程中你是主动并快乐的。"

提米丝点点头，"确实，我最近开心了很多。但米娜姐，你为什么把结果这个事情说得那么淡呢？"

米娜叹了口气说："成功这个事，原本就讲究天时地利人和。就以我做人力资源的经验来说吧，并不是才能好、工作经验足的人就一定能获得比较好的待遇，还有很多外在因素，比如，市场需求的急迫程度、当地同类竞争者的数量、对这个公司的价值、普遍薪资标准等。"

提米丝立刻就发现其实有很多因素是个人不可控的。她说："对！个人最好只关注自己可以改变的地方，通过行动改变自己接下来的发展。"

这让米娜非常惊喜，她笑道："对！就是这个！做好自己，才配得上更好的未来。"

CHAPTER 8
豁然开朗

用思维导图组织培训

提米丝非常热爱自己的培训工作。

没做培训工作前，她认为培训工作是一项需要花很长时间去准备的工作，而实际情况往往是，上级给的准备时间很短，根本没有大块的时间去做充分的准备。

为此，提米丝常常熬夜做培训准备，但这种事情次数过多、过于频繁，她感到自己有点扛不住了。为了做培训准备，她拒绝了很多聚会，逛街的次数也少了很多。

经过思维导图的学习，她产生了一个想法："如果我用思维导图准备，会如何呢？"

一天，托尼经理询问她培训准备的情况，她先提出了自己对培训目的的疑惑。

托尼经理答道："一方面帮助大家提升，另一方面树立你的良好形象。在进行ISO推行的时候，你要和公司的很多部门打交道，所以，这次培训会是很有必要的。"

提米丝对这个回答很满意，连声道谢。

托尼经理继续问："那这次你准备具体讲什么呀？"

"用思维导图来讲吧！"这个念头从她的脑海里冒了出来。

于是，她拿出了纸和笔，在上面画了个思维导图的中心。

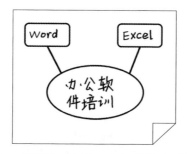

她指着图说："经理，您看，我打算从这两块讲起。"

她又加了一个分支，继续说："而这两部分有不少是通用的，比如，快捷键、页面排版之类的。"

她一边写一边说："快捷键和页面排版能够起到立竿见影的效果，这个我会在培训中重点讲。"

　　她指着Word的分支，在上面边写边说："Word在排版和文字编辑上的能力非常强大，我会重点突出这块。"

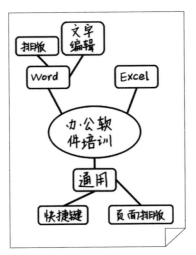

　　她又指向Excel的分支，说："Excel在计算、数据提取方面的能力更强些，我会重点突出这块。"

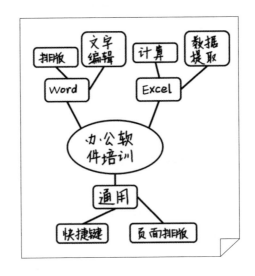

托尼经理为她的进步感到高兴，认真地倾听。

提米丝接着说："另外，根据课程的性质，我将在培训上给参训人员更多的操作机会，一方面活跃全场气氛，另一方面增加参训人员操作使用的欲望。"

托尼经理问："具体怎么做呢？"

提米丝狡黠一笑，说："讲完一个案例后，我将邀请一个人上来操作，并引导全场人给他鼓励。"

就这么画着画着，一套完整的培训纲要就整理出来了。

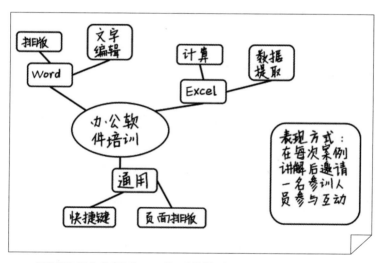

托尼经理有些疑惑："你可以做到吗？"

提米丝十分肯定地说："能！"

看着她那么信心满满，托尼经理笑了，说道："不错嘛，思维比以前完整多了。你毕竟有培训的基础，这个对你而言不是什么难事。"

提米丝笑道："还是得谢谢经理的指导，另外，我也开始使用思维导图来构思培训了，感觉出课速度比以前快了很多。"

托尼经理有点好奇。

提米丝说："要是以往，我整理培训思路需要1~2天的时间，而现在，思路往往画着画着就出来了。当然，如果想做得更精准，也是需要时间润色的，感觉就像写文章一样。"

提到写文章，托尼经理一下子来了兴致，他说："哈哈，我第一次用思维导图就是为了写文章。"

这让提米丝很是惊喜。

用思维导图指导写作

托尼经理继续说："以前，我在写文章时老是遇到思路中断的烦恼，后来一个朋友给我介绍了思维导图。我使用后，发觉效果很好，就坚持了下去。而且，就这么画着画着，我发现了一个诀窍。"

提米丝连忙追问。

托尼经理说："表面上看，写作好像是一个行为，实则不然。"

提米丝怎么会错过这么好的学习机会呢？她连忙认真记录。

托尼经理分析他在写作中的心得："一般，在写作的过程中，其实有记忆提取、整理、表达三个步骤。

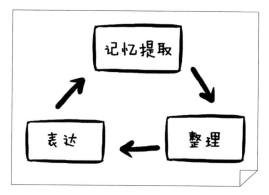

"这个系统中，其中一个环节被打断，要想接上去就需要退回到记忆提取这个环节。

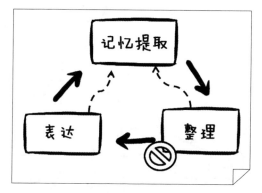

"使用思维导图，则可以把这几个步骤变成相对独立的行为。"

"比如？"提米丝问道。

托尼经理说："比如，我有了一个构思，那么接下来，我可以直接用思维导图写下大体的思路。这个过程很短，一般不会被打断。有了这张草图后，我就可以在它的基础上进行细化。这个时候，哪怕被打断了，看看导图，就会想起自己原来的构思。等细化完成得差不多以后，我就可以进行润色了。这样写出的东西条理性强、思维完整。总而言之，思维导图使我写作的过程变得单纯，从而效率变高。"

提米丝点点头。但她觉得文章如果这么平铺直叙有点过于生硬，于是问道："那要是写作的明暗线索很多，该怎么表达呢？"

托尼经理得意地说："那还不简单！"

于是，他也随手画了一张思维导图。

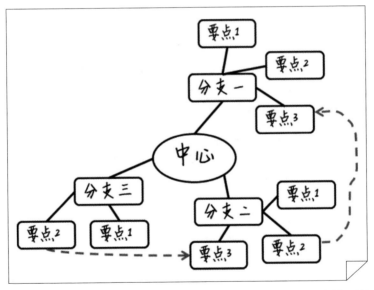

他画出了两条虚线，说："用虚线或者其他颜色的线就可以标注出另外的思路，这可是依靠传统的列提纲做不到的哦！"

提米丝豁然开朗。

托尼经理补充道："以上只能做到让这篇文章不出错，但是要写出好的文章，日常积累是必需的。就像你的培训，如果不用心积累和体会，就很难打动人心。所以，苦功夫还是要下的。这样，日积月累，你潜意识中的能力才会调动起来。希望你继续加油。"

"潜意识？"提米丝对这个新名词有点陌生。

托尼经理在这里卖了个关子，他说："这个等你有了新的提升后，我再告诉你。"

提米丝很认真地点点头，说："我会努力的！"

小贴士：如何用思维导图构思

- 先用思维导图画出思维的大体结构。

- 细化。

- 有必要时，重新画一张。

- 标出暗线。

- 根据画出的思维导图，组织语言进行表达。

作者语：基本功这块还是要下苦功夫的。

用思维导图做工作日志的优势

周末，米娜又来提米丝家做客。提米丝提起了如何处理大量工作的问题。

米娜回答："想要让自己忙而不乱，就得进行工作安排。比如，你上次介绍的那个工具就很好，我用它做计划，效率提升了很多。"

提米丝要米娜举个例子。

米娜说："一般我们采取的是笔记本记录的方式做计划。这种线性文字阅读的感觉应该是比不上思维导图的。另外一种是表格记录，看起来好像很容易填写，但灵活性非常有限。比如这个……"

米娜掏出手机，要提米丝看她的一张工作表格。

序号	事情	相关人员	要求	备注
1	检查宣传公告张贴情况		完成	
2	递交请款申请	孙副总	完成签字	
3	征求培训意见	相关部门		时间、地点、人员
4	ISO竞标公司报告拟定		完成	
5	客服部工作流程图制作		完成	

米娜说："要是相关说明多一些，这个格子明显不够，有的格子却空了很多。要是赶上变化，整个表格就会更乱。同样，线性记录也存在这些问题。"

她做了个对比。

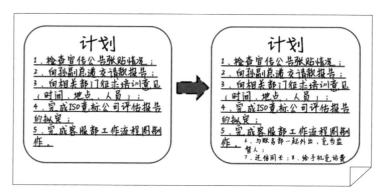

提米丝点点头说："的确，多调整几次就需要重新写了，真的很浪费时间。"

米娜接着说："如果用思维导图做计划，情况就会好得多。"

米娜又拿出了一张对比：

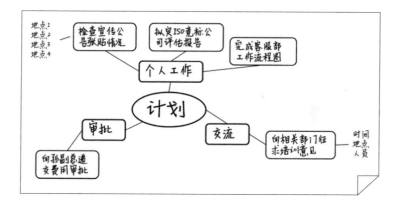

增加事项后：

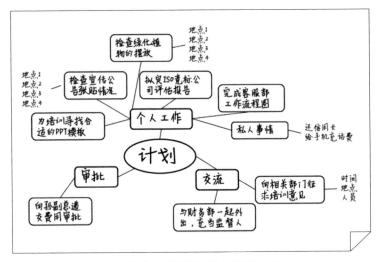

提米丝点头，"好像真的没有那么乱了。"

米娜笑道："是的，而且形成计划的速度也比以前快。"

提米丝转念一想，问道："不是还有软件可以做计划吗？"

米娜点头，"那个确实有用，但受载体限制很大。手机软件
虽说携带方便，但如果事情多，思维导图一目了然的优点就特别
明显了。"

提米丝表示认同："思维导图可以增加不少新内容，页面并
不显得乱，而且一目了然。"

米娜笑着说："当然，还有个原因是我个人更喜欢手绘的
感觉。"

提米丝一下来了兴致，说："对了！米娜姐就我的这张导图
谈谈我该怎么做可以让效率更高吧！"

事项合并的重要性

米娜说："嗯，那么接下来就是对这个导图上的事项进行整理。"

提米丝一下子就愣住了。

米娜看了她一眼，惊讶地问："难道你没有做过这一步吗？"

"没……"提米丝不好意思地说。

还好米娜善于打破尴尬的气氛，她笑着说："呵呵，这说明你的效率还有很大的提升空间。"

提米丝心想："米娜姐真是懂得照顾人的感受。要是托尼经理，估计会直接怪我怎么这个也不会。"

米娜接着说："我们先做事项合并。先看看，其中哪些是可以一起做的。"

提米丝看了一下，说："这几项都是检查，我可以一起弄。"

"对！还有呢？"米娜继续引导她。

提米丝继续说："这几个项目都是网上付费，我可以一起做。"

米娜继续提示："对！那么接下来看看，哪些事情是可以顺路做的呢？"

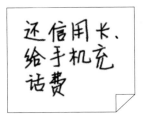

提米丝说："去副总办公室的路上，可以顺便检查下公司的相关内容。"

米娜点点头说："对！你再想想，哪些事情是可以在上班、午餐、外出以及下班的时候做呢？"

提米丝恍然大悟："哦！我明白了！也就是减少折腾的时间，把时间从这些小空隙中挤出来。"

米娜笑眯眯地说："对！这样日积月累下来，可以省不少时间呢！"

经过这么一整理，导图被修改为：

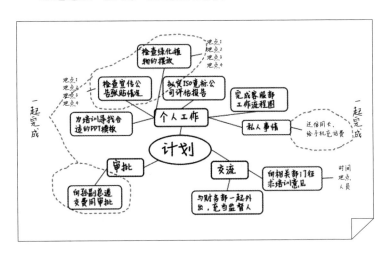

小贴士：合并是提高效率的方法

· 将能同时完成的事情合并。

· 将可以顺路完成的事情合并。

作者语： 如果事情太多，可以依照整合好的思维导图计划，再做一张日程表。

时间储备

此时，提米丝提出了自己的一个疑问："米娜姐，要是事情的多少难以预估，这个时候该怎么办呢？"

米娜回答："这个就需要做时间储备了。"

"时间储备？"提米丝一时没有明白过来。

米娜笑道："哈哈！时间当然不能像钱那样直接储备了。"

提米丝感慨："是呀！存在银行里面还能得几个利息呢！"

米娜回答道："你别说，时间储备还真有利息。最常见的存法就是提前做些准备工作。"

提米丝有点明白了，说："哦！这个我好像做过！在时间允许的情况下，我平时会多下载一些工作相关的图片和培训文章，在真正需要做培训的时候，就可以减少去网上盲目找的时间。"

米娜点点头说："是的。其实像日常办公用品的管理，也是一种时间储备。"

提米丝突然想起了以前自己文档管理的不善。她想："我要是平时就做好整理，到时就不会那么慌乱了。"

米娜接着说："其实，还有种积累起来效率倍增的时间储存法，那就是学习。学一两个知识点，效率的提升是有限的，但要是在一个领域积累久了，效果将是非常惊人的。等你对一个领域熟悉了，你会发现做起事来越来越顺利。"

提米丝点点头，"我会努力的！"

米娜继续说道："除了刚刚谈到的直接针对要做的事情，其实有些效率储备是必需的。比如，健康的身体，所以，适当的锻炼和饮食注意是非常有必要的。"

"对！身体是革命的本钱嘛！"提米丝认同，但转念一想，遇到了难处。她说："可是，我感觉挤出时间专门锻炼很难。"

米娜提示："你可以试着顺路而不是刻意去锻炼。"

提米丝试探地问："也就是，我可以把锻炼放在一些顺路的事情上？"

米娜点点头说："是的，比如，上下班多走几站路，看视频放松时自己活动活动，上级要你跑腿时多主动些，等等。"

提米丝有点明白了。

米娜接着说："其实，在一定范围内帮助他人也是可以做效率储备的。"

提米丝有些抗拒，她说："这有点功利哦。"

米娜白了她一眼，说："想歪了是不是？别人还不还你人情，这是每个人自己的意愿，你控制不了。其实，在一定程度上帮助他人，可以让你们的关系不至于尴尬，以后工作中打交道就会顺畅些。"

提米丝明白了。

米娜接着说："另外，帮对方做事情，可以让你更加全面地了解公司的运作，这个对你以后的工作评估很有好处。"

"工作评估？"提米丝一时没明白过来。

米娜解释："这样说吧！有时候你认为重要的事情，放在公司角度就不是重要的。你需要让自己多从公司的角度思考问题。"

提米丝说："这个对于职场新人来说很难呀！"

米娜回答："对呀！正是这样，才需要在确保能完成自己工作的情况下，适当去帮助他人，为换位思考打下基础。当然，有个诀窍就是，多问、多交流如何把工作做好的事情。"

小贴士：时间储蓄是提高效率的方法

· 提前完成准备工作。

· 学习相关知识，储蓄效率。

· 锻炼身体，储蓄精力。

· 适当地帮助他人，为顺畅工作做准备。

作者语：提高效率是储蓄时间的关键！

焦虑的原因之一

提米丝感慨："原来还有这么多时间管理的技巧，我居然一直都不知道。"

米娜安慰道："你能记录下来，并遵照执行，这就是很大的突破了。很多人太相信自己的记忆力了，认为把事情记在脑中，到时就可以做了，结果，耽误了自己的时间和发展。"

提米丝想起托尼经理以前讲过"人的瞬间记忆数量是有限的"这句话。

她接着说："就是因为没有记录，久而久之，心里感觉没有做的事情越来越多，但总是想不起来是什么事，所以心里就会发虚。"

米娜笑道："是的。其实，一个人感到发虚反而是好事，发虚说明他（她）还有责任感。要是没有难受的感觉，就说明这个人已经麻木了，搞不好，根本就没有责任感了。"

提米丝提出了她的疑问："哦，但是长期这样压抑着，会影响健康的呀。"

米娜回答道："所以才要采取措施呀。"

提米丝说："也就是不要只是想，而是要化为行动。"

米娜点点头，说："如果老是不完成，就会老是不舒服，然后遇到事情就会想马上解决，同时害怕被打扰，久而久之人就变得急躁而敏感。"

提米丝感觉这是在说以前的自己，接着说："这也就是小事不解决，然后雪球越滚越大，问题越来越多的状况。"

米娜点点头。

提米丝继续问："那是不是我们所有压抑的情绪背后都是有众多我们未完结的事情呢？"

米娜感叹："你这个问题问得还真深呀！要是再跟你解释下去，就会讲到精神分析学上去了。"

提米丝点头，"确实好深奥呀！"

米娜笑着说："不过，你这个方向是对的。先把自己管理的能力提升再说，要解决大雪球，是非常考验能力的。"

提米丝点点头，"好的。我先把具体问题攻克下来。毕竟，千里之行始于足下嘛。"

小贴士：害怕忘记是产生焦虑的原因之一

· 想要把工作做得更全面、更出色是每个想争取优秀的职场人的普遍想法。但好意愿若没有按照相关的规律进行，事倍功半，甚至越忙越乱，也就在所难免了。

作者语：与其焦虑，不如学习新东西，来使自己变得强大。

培训后的意外收获

提米丝一边准备培训，一边完成各项ISO的前期工作。经过几个月的努力，她对自己越来越有信心了。

之后，她做的办公软件培训进行得很顺利，现场气氛非常活跃。托尼经理对她的培训给予了肯定。

只是培训后的事情有点出乎提米丝的预料，并没有多少人向她请教软件的学习，反倒是找她处理办公软件问题的人变多了。

提米丝没有计较这些，在确保自己工作能完成的情况下，她还是能帮就帮。遇到一时解决不了的问题，她会要求对方延迟时间，然后把承诺过的事情记下来。所以，无论多么忙碌，她都不忘准时给对方一个答复。

结果，一个月下来，其他人员的办公软件操作技术没有多少明显变化，提米丝自己的操作水平倒是上升不少。看着这个结果，她哭笑不得。

不过，由于她跑其他办公室的次数越来越多，同事关系倒是融洽了很多，那顶"无能"的帽子也慢慢不见了。

这时，她深刻地体会了那句话：当你给他人方便时，他人也会成全你。

CHAPTER 9
新同事新风波

提米丝的新同事

随着ISO工作的进一步开展，公司从其他部门调来了两位新成员：叶子和杰生。就这样，办公室一下子热闹了许多。

当然，人多，话题也就多了。

私下，提米丝听到了不少八卦内容，比如，人事行政部的小陆有个非常有钱的未婚夫，推广部的小华打算近期结婚，等等。提米丝感叹，原来自己有很多事情都不知道。

聊着聊着，他们就把话题转到提米丝身上了。

一位同事问："提米丝也是从人事行政部出来的吧？"

提米丝点点头。

那位同事继续问道："我听你原来同办公室的人说，你到这个部门，状态好多了。"

提米丝点点头。这方面她有点天然呆，还不太懂对方在套她的话。

那个人继续说："上次，你做的那个软件培训太赞了，好多人都觉得你变了个人似的！"

这句话让提米丝十分开心，结果，一高兴什么都说了。提米丝笑着说："还好，还好，是托尼经理引导得好！"

这句话让那几个同事有了兴趣，他们忙问："他教你什么了？"

提米丝如实回答："事务管理之类的。托尼经理可好了！"

那个同事意味深长地笑着说："看来他对你很耐心嘛！"其实，同事这话有别的意思，但提米丝没注意到。提米丝只是觉得有点怪，但说不清楚是什么。

接下来，表面上风平浪静，实际上开始有了微妙的变化。

提米丝每天都很忙碌，所以没有多想。当然，她也不知道该怎么处理。

直到有一天，托尼经理心事重重地跟提米丝说："叶子说她要离职。"托尼经理接着说："她对客服部的工作很熟悉，ISO工作突然离开她，下一步进行得会有些麻烦。你有什么主意吗？"

提米丝感觉自己知道些什么，但又说不明白。她只好跟经理分析："经理，你为什么不问她为什么离职呢？"

托尼经理愣住了。

提米丝继续分析："据我对她的了解，她是个很好强、很努力的女孩，她应该很在乎自己的提升。"

这番分析让托尼经理有点惊喜。他点点头，示意提米丝继续讲下去。

提米丝说："你可以再问她下份工作找到了吗，或者是什么样的工作。要是工作不怎么样，或者根本就没有，你就说：与其盲目跳槽，不如等能力提升了再说。"

托尼经理很满意她的提议，说道："哈哈，你是要她再给我们部门一次机会吧！"

提米丝笑道："是的，这样没准能多争取几个月，甚至能让她留下来。她很敬重经理你的，你说的话她应该会听。"

托尼经理笑着说："那我去跟她谈谈吧！"

第二天，托尼经理面色凝重地对提米丝说："我昨天找叶子谈了，你是不是在一些同事面前说在我这学了很多东西？"

"是呀！"提米丝答道。

托尼经理一时无语，而提米丝完全不明白是怎么回事。他叹了口气说："难怪呀……"

同事的嫉妒

回到家中，提米丝把公司里的事情告诉妈妈。她说："我不明白，托尼经理为什么要叹气。"

妈妈奇怪地说："你真不明白？"

提米丝点点头。

妈妈不禁为提米丝的天然呆担心起来，她说："很明显嘛！她嫉妒你呀！"

提米丝还是不明白："可是，托尼经理对大家都很好呀。"

妈妈压低了声音说："笨丫头，你和托尼经理工作的时间毕竟长些，你和他的配合当然更好。而叶子刚到这个部门不久，个

性又强，很容易感到自己没你那么受重视。"

提米丝委屈地说："为什么会这样？"

妈妈严肃地说："你可别说你和她不一样！你在人事行政部的时候，还不是一天到晚愁眉苦脸的。"

妈妈直指提米丝的过去，这让提米丝猝不及防。她辩解道："可我没有想要离职呀！"

妈妈冷冷地说："那是因为她的工作类型比你好找下家。"

这亲妈真是会补刀呀。提米丝一时无语。

妈妈叹了口气说："凡事要将心比心地为对方想想，就明白了。不过，如果你的判断是对的，托尼经理应该能说服她的。"

提米丝点点头，"但愿吧！"

之后，提米丝就把近期发生的事情向闺蜜丽丽描述了一番。

丽丽笑道："呵呵，你这家伙！以前还对我保密！遇上了这么好的一位上司，我也会嫉妒的，何况，你还跟他们说那么多。"

提米丝感叹道："是呀！所以这次风波在一定程度上是我引起的。"

丽丽说："其实还好了，你的经理不是正在解决吗？"

提米丝委屈地说："是呀，但想想还是觉得有点后怕。"

丽丽叹了口气说："提米丝，这样抑郁可不好哦！抑郁久了会发胖的哦！你的脸好像……"

这让提米丝一下子紧张了起来。

丽丽调皮地说："哈哈哈！开玩笑的。"

提米丝瞪了她一眼。

丽丽认真地看了提米丝一会儿，笑道："还别说，脸色一下子就好很多了。你呀，说好听点是认真，说不好听点就是爱钻牛角尖。"

提米丝也从情绪里出来了，点点头。

丽丽继续开导："先放松吧，没准船到桥头自然直！而且，现在担忧是没有什么用的。"

提米丝点点头。

丽丽起身对提米丝说："走！我们去商场逛逛，看看今年的新款服装吧！"

购物是女人缓解压力的重要方式之一。东西没怎么买，但提米丝的心情已经好多了。

小贴士：职场中的自我调节非常重要

- 职场中遇到人际纠纷，是非常正常的事情，而且很多事情往往很难分辨谁对谁错！
- 在不涉及原则的前提下，适当放弃分辨，去做自己喜欢的事情，调节自我状态，就显得非常的重要了。

作者语： 职场中大家只是合作一起把工作做好的同事，不需要用好朋友的标准去要求自己和他人。

托尼经理的培训

几天后，托尼经理开了个小型的部门培训会。在会议上，他说："有人反映，想要获得更多的提升。我觉得这个建议不错。只是，提升是个人的事情，不能占用上班时间。为此，我已经找公司借用了培训场地，你们可以通知其他部门的人员来。这是自愿的，不强求。"

提米丝只在乎有东西学，所以并不在乎占用下班后半小时的时间。

第一次来参加的人还真不少，整个培训室坐得满满的。托尼经理很认真地跟大家讲解思维导图的运用。

提米丝听得非常认真。

培训结束后，有同事问她："提米丝，这个东西真的有用吗？"

提米丝点点头，"有用呀。"

那个人接着问："你能简单讲讲吗？"

于是，提米丝复述了一遍。

但那个人和其他几个人下次就没再来参加培训了。之后，参加的人越来越少，最后，只剩下品质管理部的几个人了。

提米丝很奇怪，为什么她第一次就感知到非常有用的东西，这些人还是看不出价值。

周末，在与米娜姐的谈话中，提米丝提出了她的疑问。

米娜的回答出乎她的意料："哈哈，这不正说明你们经理的办法有效果了嘛！"

提米丝没听明白，"人都走了那么多，怎么还有效果呀？"

米娜笑盈盈地说："他这样一做，不正是把嫉妒的风头转到学习上面去了？"

提米丝还是不明白，"可是，大部分人都走了呀！"

米娜引导道："你想想，那些走了的人会怎么想呢？"

提米丝思考了一下，没想出答案。

米娜笑道："他们大部分人会觉得托尼经理没你说的那么神！"

提米丝还是不理解，"可是，我真的觉得很受用呀！"

米娜叹了口气，"哎！这也难怪你会引出这场风波了。"

想起自己在小节上的不注意，提米丝点点头，"米娜姐，我以后会注意的。"

米娜安慰道："不过也无所谓，风波已经过去了。"

提米丝小声地说："我只知道又可以学到新东西了，就很开心。"

米娜温和地看着提米丝，说："你这么想也不错！坚持你的积累，其他人怎么想没那么重要！"

提米丝忧郁地说："米娜姐，说句心里话，我觉得叶子的嫉妒可以理解。"

这倒让米娜有点惊讶了。

托尼经理的智慧

提米丝继续说："哪个下属不希望获得上级的重视呢？但我的内心里，还是觉得她哪里让我觉得不妥。"

米娜很简短地说了一句："意愿没有错，只是行为有些问题。"

如此精辟的总结，让提米丝连连点头，"其实回想我在人事行政部的时候，也是有好的意愿，但是自己没有做出提升性的改变。"

米娜接着她的话说："所以，这次你的经理直接把嫉妒引导到学习的局面中。"

提米丝一愣，疑惑地看着米娜。

米娜耐心地说："你想想，要是按照叶子原来的想法继续下去，会怎样？"

提米丝说："她可能会走，也可能会留下来找我麻烦。"

米娜点点头，"对，你想想，那个时候你无论反击还是忍让，都不利于部门长期发展。"

提米丝笑道："米娜姐，你想得好全面哦。"

米娜继续说："所以，你的经理把这种你争我夺的格局变成了你和她，以及部门都好的局面。"

提米丝恍然大悟："哇！这个我怎么没有想到呢？"

米娜微微一笑说："呵呵，要不他怎么当得了你的上级呢？很多人际关系的困境往往源于自觉或者不自觉地陷入你争我夺，而这个局面同时是不利于整体发展的。"

提米丝开始理解了："所以，这个时候要多想想有没有跳出这个局面的方法。"

米娜很满意提米丝的回答，她说："对，但这真的需要一些方法和经验才能做到。"

这一下子把提米丝的胃口吊了起来，她说："米娜姐，可以多讲些吗？"

米娜看了看时间，笑道："哈哈，今天时间有限，下次吧。"

提米丝总结道："好的。其实也就是**要注意把争夺的局面变成双赢的局面。**"

米娜突然一下严肃起来："嗯，但即使这样，往往也需要一定的妥协。就像现在，你们是可以学到新东西了，但你们的经理牺牲了自己的时间。"

提米丝点点头，"也是，做培训是很花时间的。"

米娜叹了口气说："但为了让部门工作能够顺利地进行下去，这个牺牲也值得了！"

小贴士：人人期望被关注

· 职场中，我们往往需要和不同的人合作。在合作的
过程中，了解人性渴求被他人关注，就显得非常重
要了。

· 作为一个成熟的职场人，需要学会如何避免被这种
渴求裹挟。突破这种裹挟的方式之一就是：从大局
思考问题，认清自己的方向，想出解决办法。在适
当的时候，当事人要做出一定的妥协。

作者语：人人都期望被关注。但如何取得这种关注，避免陷
入争夺的旋涡，就是一门大的学问了。

CHAPTER 10
摆脱纷乱

一个人的头脑风暴

虽然参加培训的人剩下不多，但剩下的这几个都在非常认真地学习，而且有人发现了提米丝在原先的学习中没有发现的问题。

有一天在培训时，杰生提出了一个疑问："我以前没有和这么多部门打过交道，于是这次想用思维导图整理一下，但我发现，在主次关系还不清晰的情况下，直接画思维导图，容易画得非常乱。有时画得满纸都是，但还是分不出主次！"

托尼经理点点头，"那你想问的是……"

杰生说："您那有什么解决办法，能把所有导图的分支规律都包容进去？"

提米丝心想："这确实是我以前没有注意到的。分支是思维导图绘制非常重要的部分，但对于不熟悉或还未全面了解的领域，一开始做好分支几乎是不可能的。"

托尼经理看着杰生说："说白了就是你不想去找模板，不过，也不是所有的东西都有模板。"

杰生意识到自己的要求有点高，他不好意思地说："我只是问问。"

令人没想到的是，托尼经理得意地一笑，说："我有办法。"

杰生惊喜地看着他。

托尼经理继续说："呵呵，你这个问题我以前也想过！后来，我是在一次头脑风暴的会议中找到灵感的。"

"头脑风暴？"提米丝心想，"这个词好像在哪里听过。"

小贴士：头脑风暴

· 头脑风暴（Brain-storming）是由美国创造学家奥斯提出的，它是一种激发集体智慧产生和提出创新设想的思维方法。具体而言，是指一群人（或小组）围绕一个特定的兴趣或领域，进行创新或改善，产生新点子，提出新办法。

作者语： 这是一种极为有效的开启创新思维的方法。

杰生有点不明白，"可这个是一群人用的呀！"

托尼经理笑道："一个人也可以！这个就叫'亲和图法'。"

小贴士：亲和图法

· 第一步，先准备一些空白的小纸条。便利贴或者用大纸裁成的都行，但要保证大小均匀。而且不能太小或者太大，太小不方便书写，太大不利于其摆放。

· 第二步，在小纸条上书写你想到的项目。只需要书写就可以了，因为大脑做单一任务的时候比较高效，不用担心错写或者漏写。

作者语：亲和图法是全面质量管理的新7种工具之一，后面会有详细介绍。

于是，三个人在托尼经理的带领下，完成了这两步。

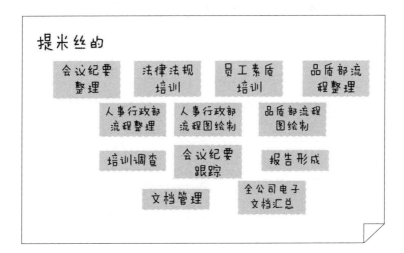

提米丝的

| 会议纪要整理 | 法律法规培训 | 员工素质培训 | 品质部流程整理 |

人事行政部流程整理　人事行政部流程图绘制　品质部流程图绘制

培训调查　会议纪要跟踪　报告形成

文档管理　全公司电子文档汇总

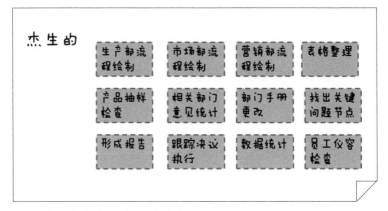

看到大家都非常认真地完成了亲和图，托尼经理感到很高兴。他挑选了叶子的亲和图，进行第三步整理。

托尼经理说："首先，看看这里面有没有从属或者同类的情况。比如，表格编号就从属于表格整理的内容。"

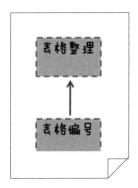

托尼经理接着说：“就这样，把相同内容的纸条放在一起！”

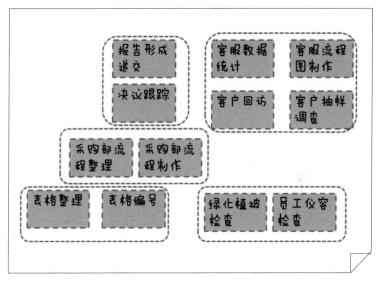

托尼经理完成归类后，说：“接下来，用不一样的纸条标出各项内容的主题。”

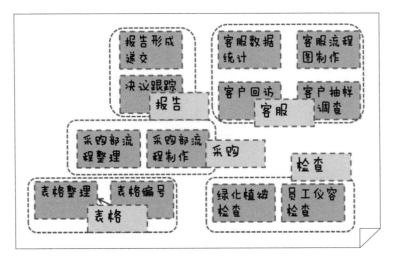

一个思维导图的结构已经显现出来了。

于是，托尼经理进入了第四步：绘制思维导图。

托尼经理说："我们在这个步骤中解决叶子存在的多写或者漏写的问题。不过，我们首先需要照着拼出的结构图，誊写一张思维导图。"

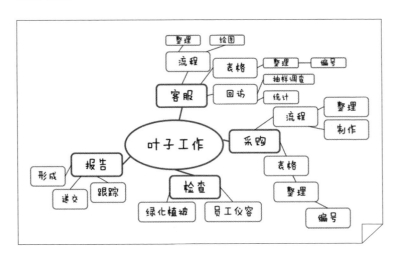

托尼经理指着新制作出的思维导图说："如果是多写，这个其实很简单，刚刚在整理的时候就会发现。但要是出现同一个子项目从属于几个母项目的情况，就可以根据实际情况进行增减。如果这个子项目很重要或者内容太多，就另画一张思维导图去说明。如果不是，可根据各人习惯进行调整或者保留。"

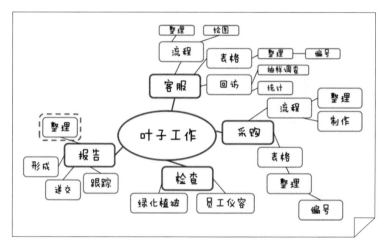

提米丝点点头，说："确实，那些小的遗漏在画思维导图的时候就可以解决。"

这时，叶子和杰生开始抱怨这种方法太花时间。

托尼经理叹了口气，说："还是那句老话，熟能生巧！多练几次，你就会发现花的时间真的不多。再不济，也比想到哪儿画到哪儿要强许多！"

叶子认真地点点头。

小贴士： 如何解决思维导图制作中的纷乱

· 准备一些小纸条。

· 在每张小纸条上写下相关的内容。

· 对写上内容的小纸条进行整理，找出从属关系。

· 用思维导图誊写，并进行完善。

作者语： 让思维单纯，从而使效率更高。

提米丝的改进

几天后，提米丝向托尼经理说出了她的发现："托尼经理，我觉得在项目不是很多的情况下，可以用PPT代替小纸条！"

托尼经理点点头，示意她接着往下说。

提米丝说："具体而言，就是利用PPT插入的形状可以添加文字以及自由摆放的特性。"

提米丝的方法：

1. 先生成一个空白的页面。

2. 然后找到"插入—形状"，选择一个形状。

3. 再单击右键，选择"编辑文字"，模拟纸条，写上内容。

4. 需要多少纸条，就生成多少。适当的时候，鼠标左键加Ctrl键可以实现快速复制。

5. 然后就是摆放这些形状，并用线条标明关系（线条也是在

"插入—形状"项目里面的）。

看着提米丝这么认真的样子，托尼经理很是高兴："这是个办法，可以节省纸张。"

提米丝笑道："谢谢经理！"

托尼经理说："你的确很用心！只是……"

提米丝忙追问。

托尼经理接着说："毕竟ISO的工作量只靠你一个人是完成不了的，需要大家一起努力。由于你是做培训的，再加上你接触这个的时间比叶子他们早，导致他们会感觉跟不上你的脚步。所以，你需要像这次一样，在培训上，多让他们表达，没准你会发现自己以前没有思考到的东西。"

提米丝点点头，她有点理解要适当收敛锋芒的意思了。

米娜的婚期准备

周末，米娜又约提米丝去喝茶。提米丝发现米娜此时的心情特别好，不禁问起缘由。

米娜幸福地笑着说："哦！有吗？"

提米丝坏坏地一笑："哟，还保密。我已经听妈说了，你的未婚夫要调回来啦。"

米娜点点头，"是呀！异地恋谈得真是好辛苦，但总算有个好结果了。"

提米丝连连表示祝贺。

米娜说："谢谢！我这刚好有个问题要问你。他这回调回来，有很多事情要安排，这个可以用思维导图做吗？"

　　提米丝得意地一笑，说："哈哈！我们经理刚刚教了我一招！"

　　于是，她把亲和图的使用方法给米娜讲了一下，并拿出便签纸、笔和米娜一起制作。

　　提米丝笑着说："写完后，将这些小纸条进行归类。"

　　米娜点点头说："那我觉得，按照新部门、旧部门、家庭、个人来分更好。"

　　经过一番整理后，桌面上的便签摆放成了：

一张思维导图的结构清晰地呈现了出来。

接下来，她们完成了思维导图的雏形，并在绘制的时候完善了它。

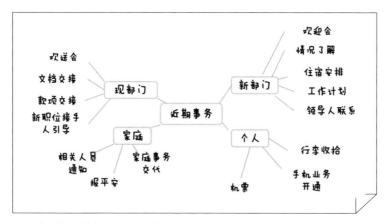

提米丝得意地说："接下来就是细化了！"

米娜感叹道："没想到这么简单的方法，就可以让以往那么费脑筋的事情变得如此快捷！提米丝，你真是越来越厉害了！"

CHAPTER 11
轻重缓急

母亲节的礼物

母亲节到了，提米丝给妈妈买了一个礼物：智能手机。习惯了按键手机，妈妈担心时间适应不了这个手机。于是，提米丝耐心地教她使用方法。妈妈在学习的过程中，突然意识到自己有不少多年没有联系的姐妹都在使用微信，所以也非常认真地学习使用微信。

几天后，妈妈兴奋地给提米丝看她的学习成果——一张服装照片。她告诉提米丝，这是她今天逛街时无意中看到的，觉得这件衣服很适合提米丝。

提米丝为妈妈的进步感到高兴，"妈，最近你的手机操作进步蛮快嘛。"

妈妈得意地说："呵呵，你别说，这个手机功能还真多！而且，操作比我想象中容易多了！最近我和几个几十年没联系的老姐妹也联系上了。"

提米丝说："你喜欢就好！"她心想：学习到了一样新东西，真的会让人获得一片新天地。

提米丝的思维导图每日计划

提米丝渐渐养成了用思维导图做每日计划的习惯。我们来看看她是怎么做的吧！

1. 先画中心。

2. 再画分支。

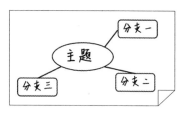

3. 逐渐细分到具体执行上。要是中途遇到模糊的项目，她会写明要问什么、哪些地方不清楚。总之，还是要逐渐细分到具体执行上。

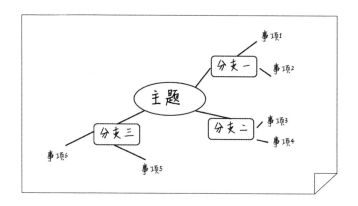

4. 找到可以合并在一起做的事情，如顺路、同类等，这样会节省不少时间。

5. 执行的时候，只需做完一个打个钩，这让她很有成就感。

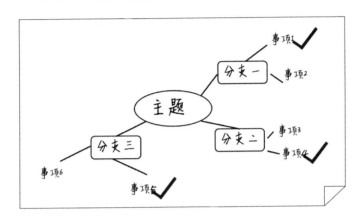

时间管理的四象限法

随着ISO工作的推进，提米丝感到任务越来越多，变动性越来越大，她很想进一步提高效率。

于是，她跑去问托尼经理："请教经理，如果事情太多，多到一天做不完，该怎么处理呀？"

托尼经理淡淡地说了一句："把你做的计划给我看看！"

提米丝赶紧递过自己的一张计划。

"原来是这样！"托尼经理看了一会儿说，"这就像一个月收入是固定的，但每个月想买的东西都有些不一样……"

提米丝低声说："我家的钱是我妈在管。"

托尼经理一时无语，他叹了口气说："这样吧，你先问问你妈妈是怎么管钱的吧！"

提米丝只得回家问妈妈。

刚开始，妈妈还以为提米丝手上缺钱，后来经过提米丝一番解释，她才明白提米丝的意图。她说："首先把必要支出的钱，如水电费、煤气费、伙食费、人情开支等单独拿出来，专款专用。然后，考虑是否置办些耐用的新东西，让生活变得更舒服些。当然，这个是根据情况定的，如换季的衣服、新家电之类的。"

提米丝很佩服妈妈日常的这些智慧。她继续追问道："要是购买这些东西的钱也准备好了呢？"

妈妈回答："钱多了就更宽裕了！这时可以存一些以备不时之需。比如，为你准备嫁妆呀！"

提米丝点点头，笑嘻嘻地说："老妈真牛！"她心想：有点感悟，但感觉还是和时间管理不一样！

之后，提米丝将老妈讲的内容做了个思维导图。

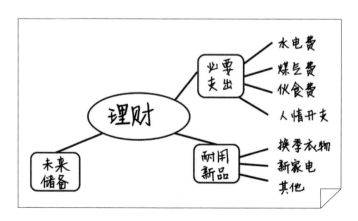

第二天，她将图交给了托尼经理。

托尼经理看了一会儿说："你妈妈理财属于比较传统的类型，是很有规划的那种。时间管理的方法跟这差不多。"

提米丝有点不明白。

托尼经理接着向她分析了时间管理中的四象限法：

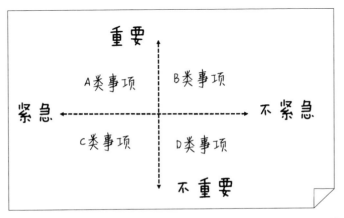

作者语：这四个象限的划分有利于我们对时间进行深刻的认识以及有效的管理。

托尼经理说："在一定情况下，是需要对一些事情进行舍弃的。这个就像是，钱就那么多，但想做的事情是无限的。因为欲望是无限的，必须进行一个有效的管理，才能往更好的方向走。"

时间的质量

提米丝提出了她的疑问："我还是觉得管理时间和管理金钱

不一样！钱可以放在银行里挣点利息，或者参加收益高的理财，时间却不能。一般情况下，上午的10元放在下午，可以购买一样的东西。时间就不同了，上午10点左右，我的工作效率是非常高的，换成中午1点，我的效率就远不如上午了。"

托尼经理总结道："也就是说，你觉得时间有比较大的变化性？"

提米丝点点头："对！这让我感觉很不好掌握！"

托尼经理看了她一眼，说："我在想，你的培训工作的构思是很需要灵感的，而灵感又不能确定什么时候会出现，你是怎么解决这个问题的呢？"

提米丝回答："我的感觉是，灵感是需要等待和积累的，而我只能控制积累。具体而言，就是先找相关资料，从而增加灵感产生的机会。"

托尼经理复述道："增加灵感产生的机会吗？"

提米丝有了自信，她继续说："对，积累得越多，越用心思考，灵感就越容易出现。如果某个时间段我没有精力看资料和思考，我会做些不费脑筋的事情，比如，查查资料或做些收集整理的工作，为有精力的时候做准备。"

托尼经理点点头，"答案你已然知晓。其实，时间是有不同质量的，在一定程度下可以根据时间的质量做相应的事情。"

提米丝突然明白了，"哦！也就是越精华的时间越适合做比较费精力思考、分析和学习的事情，对吗？"

托尼经理笑着说："对！而且，越是重要的事情就越需要给它一个完整的时间。"

提米丝豁然开朗，连声道谢。

从此，提米丝的工作计划上多了一个优先级项目。

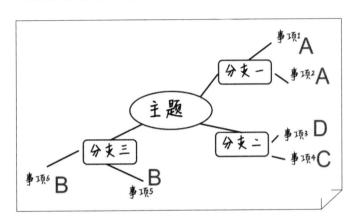

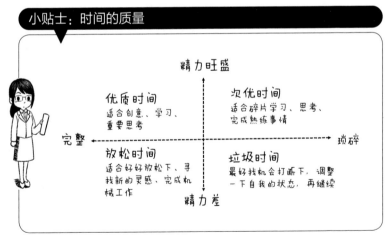

作者语：时间是有不同质量的，要记得在不同的时间做相应的事情哦。

提米丝的周末

提米丝知道，要成为一个优秀的培训师，知识积累是必不可少的。所以，周末她准备去图书馆找资料。

于是，她在纸上画了一个计划：

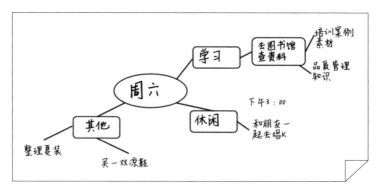

她想："今天最不能忘记的事情就是查资料，以及和朋友唱歌。"

于是，她在相关项目上标注了优先级，并将完整的时间安排给它们。

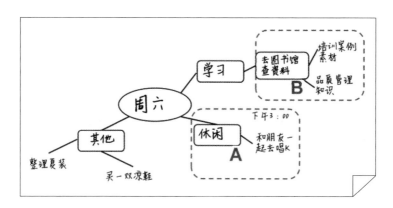

她又想："既然下午已经固定好了，那查资料的时间最好安排在上午。"

于是，她又给查资料划出了一块完整的时间，并标注出来。

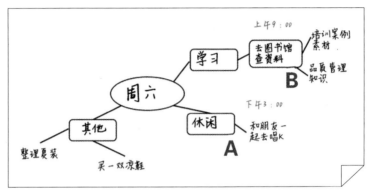

之后，她又把其他项目标出优先级。

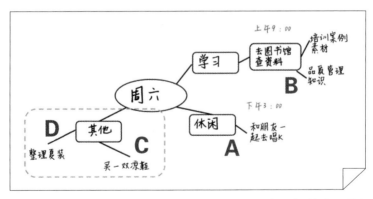

她开始尝试着做一些合并。由于买鞋和朋友一起唱歌可以顺路做，她把这两个连在了一起。她心想着："如果唱歌回来精力还行，就争取整理衣服。"

于是，一张比以往更加层次分明的思维导图计划就形成了。

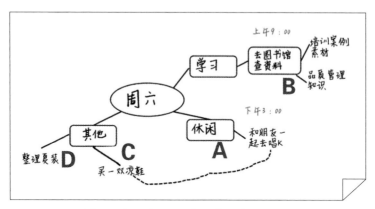

这一天，她的运气不错，所有的事项都完成了。

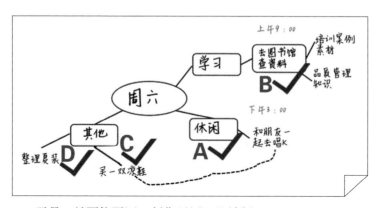

于是，她再接再厉，制作了周日的计划。

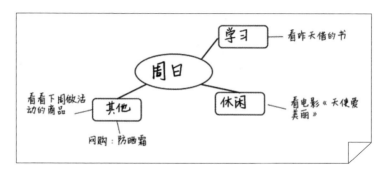

她心想："防晒霜快用完了，这个必须今天买，所以这个标A；而看书虽然重要，但不那么紧急，所以这个标B；如果遇到折扣不错的，但这个东西可买可不买，所以标C；如果能休闲，看看电影也是不错的，但是这个不那么重要，所以标D。"

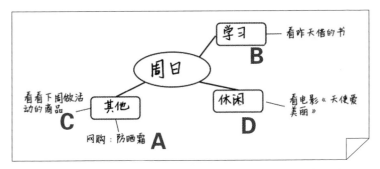

她又想："早上的时间学东西最好，我是否应该先看书，还是把网购的事情解决了呢？"

正当她犹豫的时候，家中来了客人。

大学生麦麦的到访

麦麦是个很可爱的女孩子，刚进入大学生活，身上充满着这个年龄阶段特有的天真和活力，但她朝气蓬勃的外表下也藏着这个阶段的焦虑。

提米丝的妈妈还是一如既往地寒暄几句后，就去做饭了，接下来就只剩提米丝和麦麦聊天。

由于和麦麦的关系很好，所以提米丝非常直接地问："麦麦是想考研，还是想工作呀？"

这让麦麦有些尴尬，她支支吾吾地说："不知道……"

提米丝也发现了自己的唐突，她赶紧说："也是，你才进大学不久，一下子也难定大方向。"

麦麦说出了自己的焦虑："我只是感到自己想要做的事情很多，但总是觉得时间不好把握。"

提米丝条件反射似地拿出了便签纸和笔，问麦麦："你想做哪些事情呢？"

这让麦麦愣了一下。

提米丝继续说："你说！我帮你记。"

麦麦点点头，说出了自己想要做的事项。

于是，提米丝写出了以下的纸条。

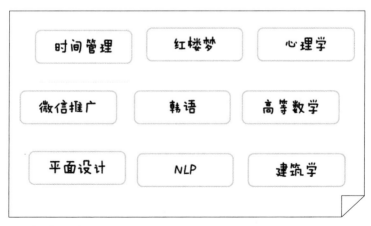

提米丝说："就这些吗？"

麦麦点点头。

于是，提米丝又对这些纸条进行了整理。

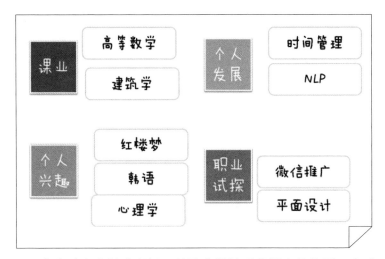

麦麦对这个很感兴趣。她睁大眼睛看着提米丝的下一步动作：绘制思维导图。

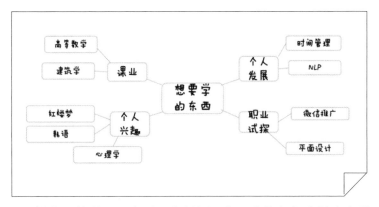

提米丝笑道："有了这张导图，你日常执行起来就会容易很多。"

麦麦还是有些疑惑："有这个固然不错，但我觉得自己最大的麻烦是关于事情的掌握。"

　　"比如说？"提米丝问道。

　　麦麦说："比如，我正在学一个东西，需要到图书馆借本书，但去到那里的时候发现没有。"

　　提米丝点点头说："对！那很正常。"

　　麦麦叹了口气说："但这会影响我后面的进度呀！我的很多事情就是卡在这儿了。"

　　提米丝笑道："这说明你的计划安排得不够灵活。首先，你不要那么相信自己的记忆力，有了计划要写下来。然后，在计划的上面做个分类。我是这样用的……"

　　于是，提米丝把如何用思维导图做计划以及如何运用ABCD时间管理法的细节都向麦麦讲述了一遍。

　　麦麦感到受益颇多，她笑着说："这个方法好有意思，我回去就试试！"

就这样，提米丝的一个上午外加中午就用来陪客人了，她的计划都没进行。不过，提米丝还是因为自己帮助了麦麦而感到很开心。

但现实还是要面对的。她认真看了看自己的计划导图，心想："看来，必须舍弃一些了。"

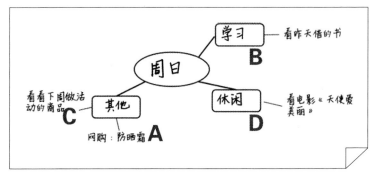

由于图上标了优先级，所以她先完成A类事情——网购防晒霜。为了节省时间，她直接去找自己最常用的防晒霜，然后从销量和信誉比较好的几家中进行选择。事情很快就搞定了。

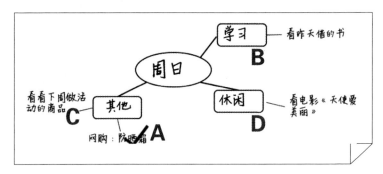

她赶紧去完成B类事情——看昨天借的书。但这一次她就没有那么幸运了，由于提米丝完全没有品质管理的基础，看相关书

籍费力是必然的。

　　最后，这一天她的执行失败了。

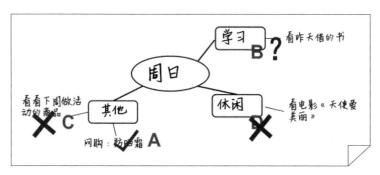

　　她心想："看来我还得增加钻研品质管理的时间呀！不过，这样也好，我更清楚自己接下来要做什么了。"

麦麦的执行

　　麦麦回到家后，对提米丝讲的内容做了个整理。

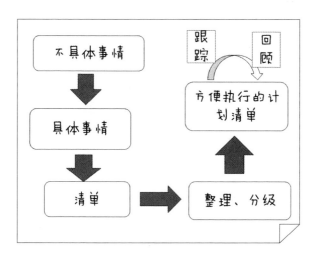

于是，她正式开始了执行。

她先考虑的是当天必须上的课。

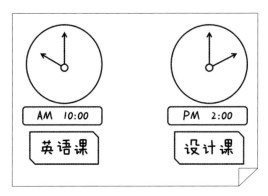

接下来，她根据提米丝所教的方法，整理出了一张思维导图计划。

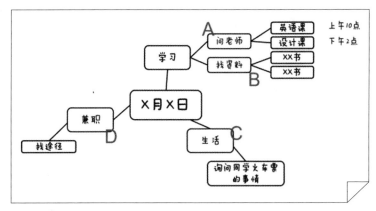

她看了看时间，发现已是上午8点，于是，她决定先去图书馆找书。今天，她一开始的运气真不错，一下子就找到了自己想要的书。她赶紧在计划上打勾，此时已是上午9点。

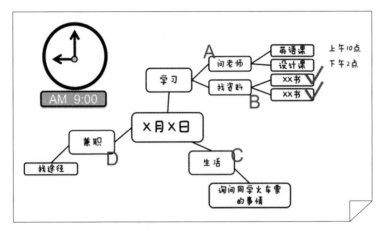

小小的成功让她很开心，于是她准备去上课，并打算同时问问同学有关火车票的事情。但这次她就没有那么顺利了，那个同学也不清楚。不过，同学向麦麦提议去问问瑶瑶。于是，计划变成了：

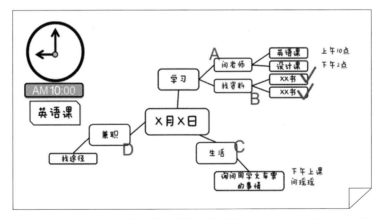

下午上课时的运气还算不错，她碰见了瑶瑶，而这次瑶瑶没有让她失望。

于是，导图变成了这样：

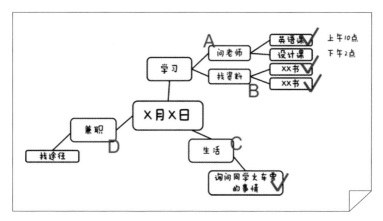

下午4点时，她已经完成导图上的绝大部分内容。

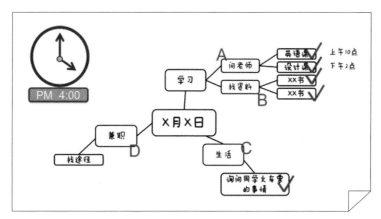

她对自己的执行很满意。她对自己说："那么接下来，我就要完成兼职信息的寻找了。"

努力后总是会有收获的。虽然没有找到适合自己的具体职位，不过她发现了几个不错的网站，于是，她记了下来。

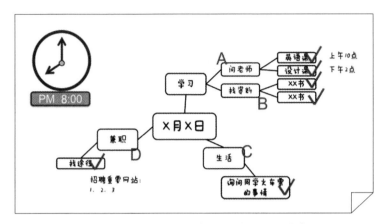

于是，这一天就在思维导图计划的引导下圆满度过了。

CHAPTER 12
不被打扰的时间

连续时间（Unbroken Time）

随着ISO工作的深入，托尼经理越发担心部门的效率，于是，他分别找三个下属谈了谈。

叶子那边问得最多的是关于客服数据的统计和跟踪；杰生那边问得最多的是与相关部门的沟通；提米丝这边的事情最为杂乱、变动性最大，所以托尼经理非常担心她灵活处事的能力。

托尼经理开门见山地问："ABCD时间管理法运用得如何了？"

提米丝一脸为难地说："还行，就是又遇到新的难点了。具体而言，就是突然发现自己对于品质管理方面知识的了解程度远不够。"

谁知，托尼经理微微一笑，说："恭喜你呀！"

提米丝丈二和尚摸不着头脑。

托尼经理继续说："在认真学习的过程中遇到困难，就说明你即将有大的进步哦！品质管理涉及的内容确实不少，你又没有什么基础，初看相关的书籍，当然觉得很费力。"

提米丝立马有了精神，她问："经理，在面对困难问题的时候，有没有好的方法？"

在提米丝进步的过程中，托尼经理越来越觉得自己的积累有点应付不了这个下属了。他叹了口气说："哎，越来越觉得你在考我的知识面了！"

提米丝调皮地一笑，说："就是问问，要是有，那是极好的。"

托尼经理说："你应该记得，我以前说过，人脑有不同的脑波，而只有在最理想的脑波出现的时候，思维能力和想象力才有利于解决问题。"

提米丝点点头。

托尼经理说："以前还跟你讲过快速进入这种状态的方法吧。"

提米丝点头，说道："对！我现在还在使用。"

托尼经理继续说："但想要提高解决困难问题的能力，就必须延长这个时间。这是因为完整、高质量的时间效率远大于同等但零散的时间效率。这是时间管理的另一个很重要的原理：Unbroken Time原理。"

提米丝问道："Unbroken Time是不被打扰的时间的意思吗？"

托尼经理点点头。他说："这种时间在学生期间很多，那个时候，父母和学校会为了你们的学习而尽量创造这种时间。这也是很多毕业生一开始适应不了职场的原因之一。"

这句话戳中了提米丝的心思，她狠狠地点了点头。

托尼经理继续说："之前，你也感觉到，时间是有不同质量的，有时候就需要想办法增加优质时间，也就是让大脑状态好的时间变长。"

番茄工作法

提米丝很务实地问："有没有能够具体实施的方法呢？"

托尼经理提议："你为什么不试试番茄工作法呢？"

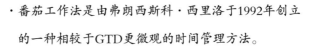

- 番茄工作法是由弗朗西斯科·西里洛于1992年创立的一种相较于GTD更微观的时间管理方法。
- 使用番茄工作法，选择一项待完成的任务，将番茄时间设为25分钟，专注工作，中途不允许做任何与该任务无关的事，直到番茄时钟响起，然后在纸上画一个×，短暂休息一下（5分钟就行），每过完4个番茄时段，多休息一会儿。

作者语： GTD是Getting Things Done的缩写，意思是"把需要做的事情处理好"。

托尼经理说："也就是先严格限定自己，必须有固定的、不

被打扰的时间。具体方法就是，先放松，了解任务的大概，然后制订个初步的计划，再一步步来。"

提米丝点点头，"感觉就像是抛开杂念，专注于问题。"

托尼经理点点头，"对！在面对必须学习、思考的东西时，最好强行给自己一段探索的时间。就像你做培训那样，在没有灵感的时候还是要找，没准灵感就在下一刻。"

提米丝表示认同："是的，往往是坚持才看得到希望。我会加油的！"

于是，提米丝要求自己每天必须观看品质管理方面的知识25分钟。虽然还是有点吃力，但提米丝下定决心不放弃钻研。

小贴士：如何执行番茄工作法

· 把今日待办事项写在本子上。

· 写好每件事花的番茄钟（25分钟）。

· 逐一完成，打"×"，紧急突发状况，写"U"。

· 外部中断：别人打扰你。你有两种选择：继续完成番茄钟，或报废这个番茄，不能打×。

· 内部中断：你自己坚持不住。或者继续完成，或者报废这个番茄，不能打×，且记录好次数。

· 每完成1个番茄，必须休息5分钟。

· 每完成4个番茄（2小时），休息15～30分钟。

作者语：这在攻克重点和难点任务时很有效哦！

有关番茄工作法的疑问

一周后，在图书馆里，提米丝的好运气不期而至。她发现了一本书，里面把品质管理讲得深刻易懂。

她没有意识到：在之前的学习中，她的知识已经在不知不觉中扩展了，所以这本书对于她而言不那么困难了。

但她还是在执行番茄工作法时遇到了困难。托尼经理当然成了她询问的对象。

提米丝说："番茄工作法我执行了，而且取得了一定的效果。但要是一个事情我已经做得很高效，感觉25分钟过得很快，这个时候我还需要用番茄工作法吗？"

托尼经理哈哈笑道："哈哈！番茄工作法比较适合面对困难或者效率不高的事情，这么高效的时间被打断了多可惜呀！"

提米丝点头微笑。

托尼经理接着说："我个人觉得番茄工作法更适合慢性子的人。要是急性子的人，比如你，就不必用这种方法。"

提米丝点点头，不好意思地说："我确实是个急性子，一般做事情比较容易投入状态，但容易丢三落四。"

托尼经理说："所以，你就需要在投入前先记下你的初步分析，避免因为投入太快而忘记了最初的想法。而且，要分清主次，因为时间有限，不可能事事完美，合适就好。"

提米丝追问道："那什么是合适的呢？"

托尼经理沉思了一会儿，说："在很多时候，合适就是一种

向现实的妥协，这个有时有点难。"

　　提米丝迟疑了一会儿，笑着说："我还是先做好眼前吧！没准以后很多事就不再困难了。"

　　这个回答让托尼经理有些惊喜，他点点头。

CHAPTER 13
方法扩展

颜色是个宝

人往往是越努力运气越好。还是在图书馆里，提米丝看到了一本介绍如何将颜色运用于学习笔记的书。

书中将不同的六种颜色定义为：定义、假设、分析、结论、优点、缺陷。

　　提米丝心想：颜色的确吸引人的目光，运用不同的颜色，那么，在复习或者向别人请教问题的时候就可以直接关注相关颜色了，这样再次使用的速度一定会快很多。没准，我可以在平时的工作中使用它。

　　她突然想到托尼经理说过自己对颜色比较敏感，于是，她就试着用四种不同的颜色代表事情的四种分类。

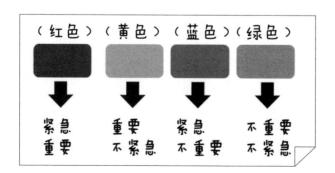

于是，她的导图就变成了这个样子。

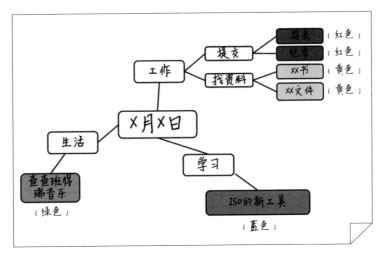

她感觉整个导图鲜亮多了。

在下班后的培训中，她提出了自己的看法。

提米丝说："经理，我感觉思维导图用颜色来做标记效果更好。我记得你说过，对颜色的喜好是人的一种天性，那么直接用在导图标注上应该比字母更好。"

托尼经理点点头，"大部分人都是视觉型的，所以，颜色的确是很重要的一种工具。但有一点要注意，那就是颜色不能太多，否则会让人感到混乱。"

叶子忙问："什么是视觉型呀？"

托尼经理笑着说："这个等会儿再讲。"

此时，杰生突然提出了一个建议："因为每个导图涉及的内容是不一样的，就容易出现一种颜色在不同导图里代表不同意思的情况。"

托尼经理忙问："那你的建议是……"

杰生回答："我想在每个导图中对使用了的颜色做个标注。"

于是，这张时间管理思维导图就变成了：

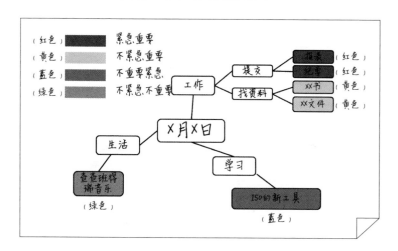

NLP 沟通技巧初涉

托尼经理对杰生的回答很满意，连声称赞。

提米丝和叶子也对杰生的细心赞不绝口。

其实，大家都在暗地里"竞争"，但属于良性竞争，大家不嫉妒、不使坏，互相学习，共同进点。这种良性竞争是部门效率提升的必要元素，也是托尼经理乐于见到的局面。

托尼经理继续讲解NLP的内容。

> **小贴士：什么是NLP**
>
> · NLP（Neuro-Linguistic Programming）即神经语言程序学，也叫身心语言程序学。
> · N——神经系统。
> · L——语言，是指从感觉信号的输入到构成意思的过程。
> · P——程序，也就是完成一件事的技能、策略。

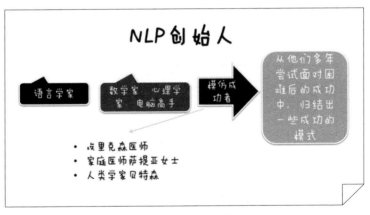

　　面对这么多陌生的词汇，提米丝他们连声叫难。

　　托尼经理只好从几个很实用的方法进行分享。他问道："你们目前的工作往往要与很多不熟悉的人相处，你们觉得最难的地方是什么？"

　　杰生回答："对方不配合。"

　　叶子回答："态度不好。"

提米丝回答："冷漠。"

托尼经理继续引导："你们觉得对方不配合的原因是什么？"

杰生回答："可能他们就是那种人。"

叶子回答："对方可能没有理解这个工作的重要性。"

提米丝回答："这个可能对他没有什么好处。"

托尼经理点点头，"对，这几种情况都有可能，那你们打算怎么解决呢？"

杰生回答："尽力吧！多磨几次。"

叶子回答："把工作分析得更好，有利于对方接受和配合。"

提米丝回答："先争取混熟，然后多了解对方，再争取新的方案。"

托尼经理对他们的答案并不是特别满意，但一想到要多鼓励，就耐心地说："你们的方法都不错！总结而言，就是先争取获得亲和感。"

这句话又让他们几个蒙了。

托尼经理接着说："你们所涉及的方法各不相同，但其中有利有弊。比如，杰生这种比较直接，属于直接暗示，可能会给对方一种压迫感。"

杰生辩解道："是呀，给对方压力，对方没准就照办了呢？"

叶子回道："没准对方就不理你了呢？"

杰生反驳："我见过好些人用这招有效果呢！"

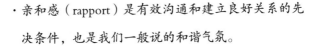

小贴士：亲和感

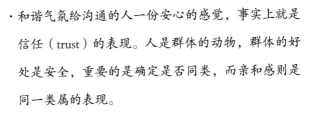

- 亲和感（rapport）是有效沟通和建立良好关系的先决条件，也是我们一般说的和谐气氛。
- 和谐气氛给沟通的人一份安心的感觉，事实上就是信任（trust）的表现。人是群体的动物，群体的好处是安全，重要的是确定是否同类，而亲和感则是同一类属的表现。
- 如果想令一个人做出改变，必须先建立良好关系，良好关系的基础是有效沟通，而有效沟通则建立于和谐气氛的基础上。

作者语：亲和感能让沟通事半功倍。

叶子白了他一眼："那是片面的！"

于是，两个人就开始顶牛了。

杰生冷冷地说："你那方法难道就不片面！"

叶子哼了一声说："我至少有缓和的余地！"

整个培训室弥漫着一股火药味。

托尼经理连忙打断他们的对话，他说："好！关于这个以后讨论。"

提米丝连忙配合："那经理，你今天要讲的方法是……"

托尼经理赶紧说："我们今天先讲的是快速建立亲和力的方法，同时，可以增加你在与对方讲话过程中的掌控力。"

杰生点头说："对哦，讲话时的掌控力很重要。"

叶子也认同："是呀，被对方带跑了，就被动了。"

提米丝提出了她的疑问："就是怕太明显，让对方不舒服。怎样做才好呢？"

托尼经理得意地一笑："这个方法就是让对方舒服地跟着你的引导来。"

于是，全场的目光又一次集中在了托尼经理身上。

托尼经理清清嗓子说："这个方法就叫先跟后带！"

全场又一次蒙了。

小贴士：先跟后带

· 先跟后带是NLP技术中用得最多的技巧，是NLP系列学问基础中的基础。

· 所谓"先跟"，就是建立亲和感，去肯定和配合当事人的感知或价值观；而"后带"就是引导当事人逐步靠近你所希望的地方。

作者语：这个过程中，最好在获得对方的肯定后，再进入"带"的阶段。

托尼经理解释道："这可以理解为，先简单总结对方的话，然后丢出你的问题进行下一步引导。"

杰生和叶子一下子就明白了，连声称好。提米丝则没有听懂。

托尼经理笑着说："叶子，你好像理解了。你来说说吧！"

叶子得意地说起了她的经历："我在客服部门的那段时间经常会遇到顾客询问一些让我难以直接回答的问题。其实，在面对顾客投诉的时候，顾客更重视的是接待人员的态度，同样一个事情，说法不一样，结果完全不一样！"

不当的回答：

顾客：你们公司的产品是什么破东西呀！才用了几天就坏了！

服务人员：我们公司产品的质量是有保障的，你说的那种情况有可能是你的操作问题！

顾客：就是东西不好！你这是什么服务态度！

叶子继续说："其实，可能确实是顾客操作的问题，但这样一说，后面就什么都不好谈了。"

比较好的做法：

顾客：你们公司的产品是什么破东西呀！才用了几天就坏了！

服务人员：先生，您是说才购买几天的商品已经坏了，对吗？

顾客：对！你这包退吗？

服务人员：您问的是退款的问题吧！我想先了解一下，您购买后有没有按照说明书进行预设步骤呀？

顾客：还有这个步骤？

服务人员：这个步骤很重要的。你先试试把说明书翻到第5页，那里有使用不了的一些处理办法。

顾客：哦！要是还不行呢？

服务人员：您可以去相关的维修点进行一些更新，这个费用不会很高。

顾客：好的，我先看看吧。

叶子说："先跟后带，就快速打开了局面，有了后面沟通和协商的机会。就我的感觉，先跟后带可以快速而柔和地把对方带入协商的频道中。"

讲得真是不错，托尼经理连连感叹："不愧是从客服部出来的人，就是有经验呀！"

杰生突然有了灵感，他说："我想起来了！其实我以前做销售的时候也用过。"

托尼经理示意他继续讲下去。

杰生说："我跟叶子的经历一样，不过我们要先找机会赞美对方，然后问对方问题，从而把对方引导到适合销售的话题！"

托尼经理点点头，"杰生讲了个很重要的内容：最好不要用消极的语言。"

这让在一旁的提米丝连连赞叹，她非常高兴接触到了这么个有用的东西。

提米丝的日志管理

在日常工作中，提米丝喜欢用使用过的复印纸空白的一面制作思维导图计划，一方面这样比较环保，另一方面纸张够大。

当导图数量多的时候，她就会用夹子夹起来。要是更多了，她就会将它们按照日期的顺序摆放起来，装进活页夹里。

当数量越来越多，她就会用打孔机和胶圈把它们穿起来，存档。

具体步骤就是：

作者语：时不时拿出原来的记录翻看，可以获得不少灵感呢！

特别是使用了颜色标注后，提米丝查找以往的资料变得更快、更方便了。

一天，提米丝对生产部品质管理手册中的一个章节有点疑问，于是，她赶紧摘抄了相关内容，并拿起相关的记录导图去了生产部张经理那儿。

管理者的时间往往很宝贵，所以一次多问几个问题，可以减

少打扰他们的次数。

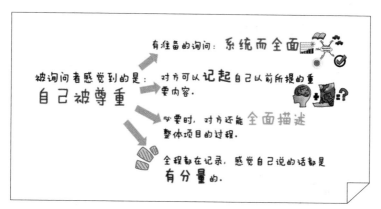

张经理感叹提米丝进步神速，提米丝则因颜色这个元素提高了自己的工作效率而获得了不小的成就感。

CHAPTER 14
拖延是病还是智慧

完美主义的危害

周末，丽丽和提米丝相邀出去喝茶。提米丝突然发现丽丽的面容漂亮了许多，忙问原因。

丽丽笑着说："刚学了点化妆方法。"

提米丝点点头。

丽丽忙问："你咋不学学化妆呢？"

提米丝说出了自己的心理阴影。原来在大学期间，一次演出时，提米丝的妆化得太浓了，收获了不少嘲弄的目光。她一直忘不了当时的尴尬，所以对化妆敬而远之。

丽丽仔细地问道："那个妆是你自己化的吗？"

提米丝答道："不是，是同寝室的人帮我化的。"

丽丽叹了口气说："每个人都有属于自己的色系，彩妆的色系没有对应好，妆化出来就会怪怪的。你有没有想过，可能是她的那个颜色不适合你？"

提米丝有点明白了，"是的，她很适合橘黄色，而这个颜色

我一沾就显老。"

丽丽点点头，"是的，彩妆方面，找到适合自己的颜色，就成功了一半。"

提米丝还是有点不自信，"但化妆好像很难呀！"

丽丽答道："要化好当然需要一个过程，化妆品质的选择、化妆手法的掌握等，都需要尝试，然后才会慢慢熟练。"

提米丝立马觉得很麻烦。

丽丽安慰道："提米丝，什么东西都有个熟能生巧的过程。"

提米丝点点头。

丽丽笑道："刚开始私下练习，万一化得不好，卸妆就可以了。"

提米丝认同。

丽丽继续说道："不亲自折腾怎么知道什么是最适合自己的妆容呢？"

提米丝有些明白了，"也是，我进入了一个误区，要么完美，要么不做。"

丽丽点点头，"要以绝对完美来要求自己，那什么事情都无法开始。"

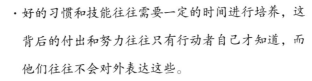

小贴士：拖拉原因之一——完美主义

· 好的习惯和技能往往需要一定的时间进行培养，这背后的付出和努力往往只有行动者自己才知道，而他们往往不会对外表达这些。

· 但任何事物都是按照由量到质的过程而发展的，没有积累和改进，好的习惯和技能无从谈起。

· 完美主义表面上看起来有些道理，但生活是不断变化、充满未知的，只有积极改善自我才能更好地适应。

作者语： 千万不要让所谓的要么就不做，要做就做好的思维困住自己，使自己越来越被动。

拖延有时是种智慧

丽丽的鼓励让提米丝下决心去尝试一下化妆，但她的心结还是没有完全打开。

遇到米娜的时候，她提出了自己的疑问。

她问："米娜姐，怎么面对进步过程中的嘲笑？"

米娜问："能具体点吗？"

提米丝说："要学一个有用的东西，肯定会遇到不少挫折，这个过程中容易出丑。而旁边那种看笑话的眼神，让我感觉到很不舒服。"

米娜说："提米丝，世界上基本上没有百利无一害的事，而成熟的人做对的事，幼稚的人做证明自己对的事情。"

提米丝总结道："也就是，两者关注的视角不一样。"

米娜点点头，"对！一个关注视角更大，一个只关注别人的眼光。"

提米丝试探地问道："也就是，不能太关注别人的眼光，对吗？"

米娜点点头，"对呀，成长过程中的挫折是在所难免的，只要不涉及原则，何必放在心上。"

提米丝还是有点纠结，"那万一失败了呢？"

米娜笑道："这个也正是两种视角的区别，前者觉得失败只是一种反馈，告诉他（她）这样做不行，需要改变才能接近成功，就像学生考试做错了题，扣了分，不应该骂自己笨或者试卷不好，而是想想自己哪个知识点掌握得还不牢，这样才能进步；后者则是让自己陷入一个纠结的泥潭，轻则撒谎、改分数，重则抱怨试卷甚至整个教育制度，最后干脆不学了，因为不考试就没有机会证明自己不行。"

提米丝开始明白了，"后者这是故步自封。"

米娜点点头，"是呀，而希望往往是从改变中看到的。要把失败看成另外一个改变的开始。"

提米丝一下子就完全明白了。她笑着说："谢谢米娜姐！"

米娜说："在不需要顾忌那么多面子的时候，就坚持自己想要的做下去。"

提米丝继续问道："关于面子，我突然想到，一些人做事情拖拖拉拉的，这个会不会跟面子有关呢？"

米娜回答："呵呵，拖拉在一定程度上可是一种策略哦！"

提米丝一时没明白过来。

米娜继续说："你想想，要是一件事情，你做了没什么好处，而且做成了还意味着有更多的麻烦，你会好好做吗？"

提米丝点头，"那确实很难做好！"

米娜说："所以，拖拉在这个时候就是一种策略。"

提米丝开始明白了，"也就是说事情往往是两方面的，需要认真分析其原因。"

米娜很满意她的回答。

托尼经理讲拖延

成长的态度

正巧，托尼经理的培训也讲到了拖延。

叶子更希望提到有关应对他人拖延的办法。

托尼经理点点头，"我们今天先从原因说起。这样，你们先讲讲自己的看法吧！"

杰生说："我觉得和要求太高有关系！"

叶子说："我觉得是种为自我打算的方法。"

提米丝说："他们讲得都对！"

托尼经理点点头，"大体方向你们是说对了！拖延的原因分为两种：完美主义和策略。但策略的前提是要清楚自己的目标，就像我们在工作生活中会遇到他人的一些请求，得看自己的情况选择答应还是不答应。"

杰生问道："直接拒绝不好吧！"

叶子说："之前不是讲了用亲和方法来吗？"

托尼经理点点头，"对！拖延其实就是一种具有亲和力的拒绝法。有时，那个时间点过了，对方会发现自己不那么需要帮助了，也可能等到那个时候，你已经有余力帮助对方了。"

叶子不太认同："合适的时间再做，这不算拒绝吧！"

托尼经理发现话题有点偏离主线了，他赶紧说："关于如何拒绝这个内容以后再讲！我们现在看看消极的那个原因——完美主义。"

他接着说："要求完美并不是错，但是让自己故步自封就是一种罪！"

叶子感叹："罪！这个词太重了吧！"

托尼经理解释道："让自己的时间白白浪费掉，就是一种罪！这是一种轻视未来的行为。"

叶子说："这个我有深切体会！就像学生面对考试一样，平时不烧香，临近考试就开始指望作弊、小道消息、他人帮助，最后让自己成了一个赌徒。"

　　托尼经理点点头，"是的，很多好东西是需要经营才能有稳定的好结果。我承认有运气的成分，但那个很难把握。"

　　杰生补充道："而且，我们都知道，机会更青睐有准备的人。"

　　托尼经理很满意他的话。

　　杰生继续问道："那，怎么跨过'完美主义'这个障碍呢？"

　　托尼经理答道："完美固然是好事，但什么事情都要从一点点改变开始，而且，刚开始往往没有那么好。"

　　提米丝连连点头。

　　托尼经理说："看来，提米丝有感触哦！你来分享一下吧！"

　　于是，提米丝就把跟闺蜜谈化妆的事情跟大家分享。结果，

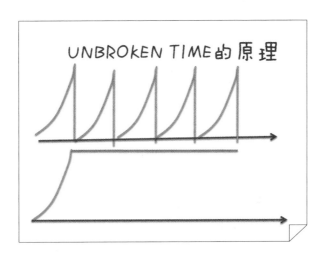

她的内容遭到了冷遇。

托尼经理一脸尴尬地说："对于化妆这个领域，我还真不熟！"

杰生说："女生呀！就是喜欢这些。"

叶子回道："谁叫这个社会喜欢看颜值！"

眼看着又要吵起来，托尼经理赶紧说："这个问题以后再谈！不过，提米丝还是把这个道理表达出来了，好的东西往往不是一蹴而就的，需要有个过程。要把注意力放在改变上。关注改变方法的调整，给成长一个空间。"

台下掌声一片。

破除拖延的一些方法

具体化

托尼经理接着说："那么，接下来，我们讲讲破除拖延的一些小技巧。首先是在制定目标的时候，一定要用正面而具体的词汇。"

提米丝突然意识到，这个托尼经理以前跟她讲过。

托尼经理看出了她的心思，说："我知道你们中间有人听过，但今天我会讲得更具体！我们先看这个案例：一个人想要自己成为业绩第一，但排名这个东西对于他而言是很难控制的，所以，还不如对自己要求今天就开始去找顾客。但这里面也有很多因素是他不可控的，所以，他把最初的要求改成：他打算做一个非常具体的方案来找到优质顾客，这样更好！"

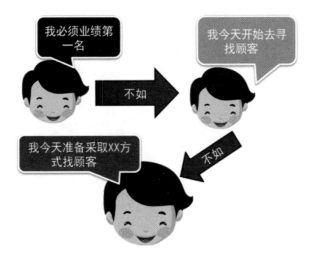

叶子点点头说："确实，这个在具体内容上更加明确！"

于是，托尼经理又举了一个例子。

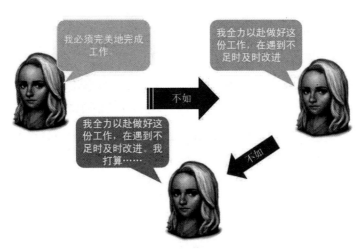

杰生说："这个在行动上面更加明确！"

托尼经理点点头，拿出了第三个例子。

叶子说：“反正用否定句就不好！”

反向倒推法

托尼经理补充道："是的，否定会让自己更不知道该怎么办的。我们现在来讲一个破除拖延很重要的方法：反向倒推法。"

例如，你手上有个项目需要6月1日把结案报告交给上级，那么你需要做的是：

1.先分区时间节点，例如：

2. 从截止日开始往前推，定出要做之事的重要时间节点。

6月1日	把结案报告9点前交到主管桌上
5月28日	做最后的修正，撰写正式报告
5月15日	完成报告初稿
5月1日	完成研究任务，开端草拟初稿
4月25日	完成跟踪访问，汇总数据
4月18日	开始访问
4月14日	寄发问卷
4月11日	问卷定稿备用
4月5日	完成背景研究
4月1日	和主管研讨方案目标

叶子感叹："嗯，这样的行动感强多了！"

托尼经理看看时间，继续说："要是项目很大，那么时间节点就更多了，关于这个我还有其他的方法，我下次再说！"

叶子叹了口气说："看来如何应对拖拉是在以后讲了！"

托尼经理微微一笑，说："今天的内容已经够多了，你们先消化了再说！"

CHAPTER 15
融会贯通

提米丝的会议纪要

做会议纪要对提米丝来说是一项需要占用不少时间的工作，但托尼经理反复交代：会议纪要是确保各部门工作顺利开展的重要依据！为此，提米丝需要记录、整理，最后找相关负责人签字。

就像前面提到过的，提米丝最烦的就是找相关部门负责人签字这个环节，这些人总是因出差和忙碌而使签字这个环节一拖再拖。这就意味着，提米丝需要来来回回跑好几趟。

提米丝心想：要是能减少他们拖延的因素，就有可能让他们早点签完字。于是，她决心改良这个环节。

几天后，提米丝拿着整理好的会议纪要找到张经理。张经理觉得这次的会议纪要比以往出得要快，但由于接下来有件事情需要忙，所以说："我等会儿有事，你先把它放这儿吧！"令他没想到的是，提米丝指出会议纪要的几行，说道："经理，您只需要看这几行就可以了！"

张经理定睛一看，整个纪要决议都是按照部门进行整理的，确实只需要看与自己部门相关的那几行。于是，他很快就看完了，并且很开心地签了字。

他连连称赞道："提米丝真的越干越出色了！"

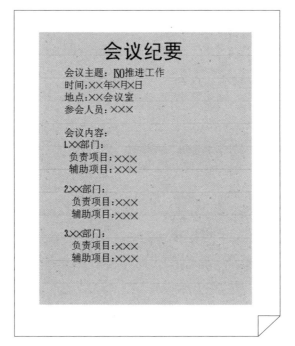

过了一会儿，托尼经理得知了这个情况，走过来了解提米丝的改良方法。

他说："你的这个会议纪要是不是在会议开始前，就把结构弄好了？"

提米丝点点头："是的，我按照公司的记录习惯，做了个部门整理。就像这样：

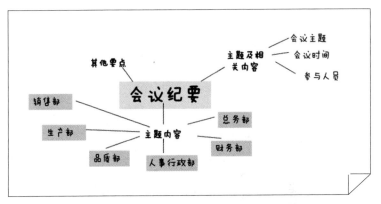

"在开会的时候，我可以一边听工作安排，一边把内容放在相应部门那里。"

例如：会议中

品质部：生产部要完成事项1

生产部：好的，我需要销售部完成事项2

人事行政部：我要完成事项3，同时需要销售部辅助

销售部：可以，同时我还要完成事项4

提米丝只需要在导图上找到相应的部门，添上需要做的事

情。记录导图为：

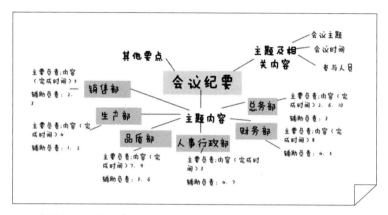

托尼经理点点头："难怪你整理得这么快！"

提米丝不好意思地说："其实，我就是想让经理们看纪要的速度更快些，让自己的效率更高些。"

托尼经理赞许道："做得很不错哦！"

提米丝连忙笑着说："那还不是经理指导得好！"

亲和图整合法

米娜向提米丝反馈："上次，你给我讲的有关摆脱纷乱的方式，其实是一种非常好用的分析工具。"

提米丝一下子没有明白过来。

米娜接着说："更确切地说，这个叫作亲和图法。"说着，她拿出手机给提米丝看。

小贴士：什么是亲和图法

亲和图法（KJ法/Affinity Diagram），是把收集到的大量事实、意见或构思等语言资料，按其相互亲和性（相近性）归纳整理，使问题得以明确，求得统一认识和协调工作，以利于问题解决的一种方法。

使用它可以：

· 迅速掌握未知领域的实际情况，找出解决问题的途径。

· 对于难以理出头绪的事情进行归纳整理，提出明确的方针和见解。

· 通过管理者和员工的讨论和研究，有效地贯彻和落实企业的方针政策。

· 成员间互相启发、相互了解，促进了为共同目的而开展的有效合作。

作者语：亲和图法的核心其实也就是头脑风暴法。

面对这么多的文字，提米丝有点懵。

米娜解释道："其实，简单来说，步骤分为两步，即收集和整理。这两个步骤所起到的作用分别是：收集使得对事情的思考更加全面、整理让事情更加系统。"

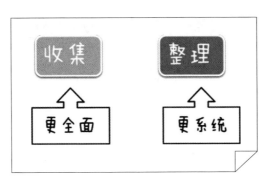

提米丝有点明白了。

米娜继续说："本质上来说，就是把原先看似只有一个步骤的事情——找寻答案——变成两个不同的步骤，即收集和整理。"

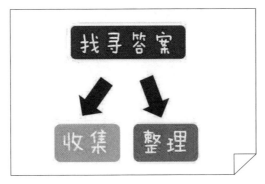

提米丝突然想起托尼经理以前跟她讲的关于写作的内容。

她说："我所知道的是，大脑在执行单纯任务的时候效率更高。换句话说就是，一心一意做一件事往往比同时做多件事情的效果更好。"

米娜点点头，"我的理解是，可以通过纯化步骤，获得更好的效果。因为做单纯的事情，大脑的效率更高。"

提米丝也点点头，"对，有时把原来一个步骤做的事，变成了几个步骤，效率反而会提高。而根源就是，人脑的瞬间记忆力是有限的，如果强行使用，大脑会以自己的方式罢工，如迷糊、遗忘、愤怒、退缩、消极情绪、木然等。"

米娜总结道："反正就是不配合，使效率下降。"

提米丝说："所以，得顺着它的脾气来，也就是需要适当减轻它的工作量或者增加它的能量。记录就是减轻大脑工作量的方法之一。当然，适当的冥想放松也是。"

米娜说："总而言之，就是让思考的内容变得简单。"

提米丝点点头，"对，甚至可以只注意当下的呼吸。"

米娜追问道："那如何增加能量呢？"

提米丝笑着说："哈哈，这还不简单！吃点美食，听点美妙的音乐，看点美丽的风景。"

米娜撇了撇嘴："我咋觉得还是在做减法呢？"

提米丝想了一会儿，说："你的意思是不是把注意力转移为少费脑子的事情？"

米娜点点头，"是呀。不过，我还是承认吃东西这个方法是增加大脑能量的。反正，就是让紧张的大脑放松下来，效率反而会提升。换句话说，努力创造大脑喜欢的单纯任务，从而使效率更高。"

提米丝笑着说："其实，就是避免大脑罢工。"

米娜微微一笑说："呵呵，和提米丝聊天真烧脑，但是我喜欢！"

提米丝吐了吐舌头说："呵呵，我的感觉也一样！"

米娜说："我简单总结一下，你现在做了哪些步骤纯化。"

于是，就有了以下这张图：

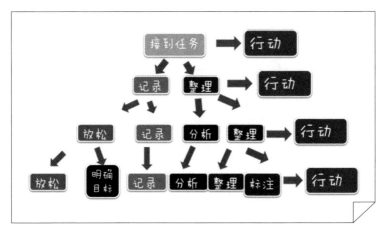

提米丝感觉思路一下子清晰多了。她赶紧把图拍下来，给托尼经理看。

更完整的执行系统

公司里，提米丝把昨天跟米娜姐的总结交给了托尼经理。

托尼经理看了一会儿，说："图还是不错的，只是我觉得，分析、整理这些其实和行动是互动的。"

提米丝有点没明白过来。

托尼经理继续说："品质管理里面有个非常重要的内容叫作戴明环。"

小贴士：戴明环

也叫PDCA循环、质量环，是管理学中的一个通用模型，最初是由休哈特于1930年构想出来的，后来被美国质量管理专家戴明博士在1950年再度挖掘出来，并加以广泛宣传和运用于持续改善产品质量的过程。

PDCA由英语单词Plan（计划）、Do（执行）、Check（检查）和Adjust（修正、校准）的第一个字母组成，PDCA循环就是按照这样的顺序进行质量管理，并且循环不止地进行下去的科学程序。

作者语：这是一种极为有效的品质管理方法。

托尼经理继续说："更确切地说，你还缺少两大步骤——反馈和检查。"

提米丝点点头："原来还有这么重要的内容呀！"

托尼经理笑道："哈哈，这不正说明你还有进步的空间吗？其实，后面的步骤你也一直在做。"

提米丝笑着说："也对！做完一个打一个勾，这就是行动反馈了。然后看看哪些还没有完成，方便以后继续跟踪，这就

是检查。将没有完成的纳入新的工作计划，这就又开始了第二
次循环。"

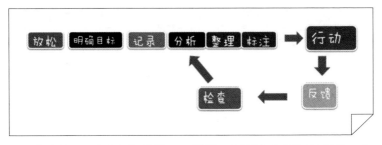

托尼经理语重心长地说："是的，只是如何更好地反馈、如
何更好地检查又是有很多内容的。"

提米丝点点头，笑着说："谢谢经理，让我知道了品质管理
还有这么多有意思的东西！"

提米丝如何管理一周

自从掌握了新工具，提米丝发现自己越来越喜欢做计划了。

提米丝的体会是：一开始很单纯地想自己要做什么。因为一
旦有了想做出完美计划的念头，往往就不容易进入思维开放的状
态。所以，只需放轻松，自自然然地写就好了。

这次，她选择先使用亲和图记录自己想要做的事情。

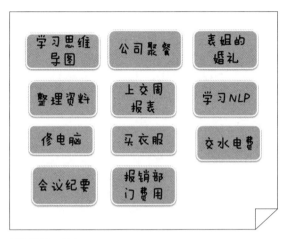

之后就是整理了。

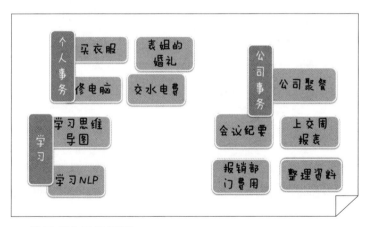

然后理出思维导图。

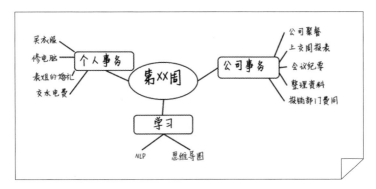

用彩笔给思维导图标注（此处用黑笔做示范）。

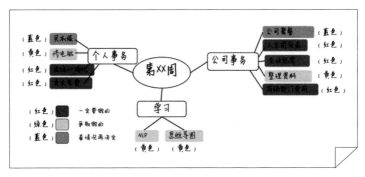

一张清晰的周计划就形成了。

提米丝知道：因为会有不少突发事件，所以，最好不要一次把5个工作日的每日计划都做出来。于是，她只先做了前两天的计划。

当每日计划完成后，她会回到周计划上打钩。而在执行的过程中，如果她接到要延迟超过一天的任务，她会将这件事加入周计划中。

　　总之，波折总是会在不经意间出现，但好在她有一定的应对策略。

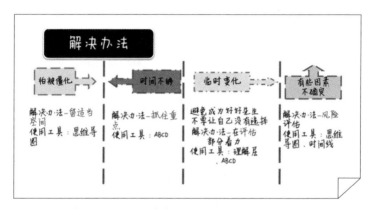

　　总体而言，就是要清楚自己在做什么，主次是什么。在时间和金钱允许的情况下，适当做点小试探。

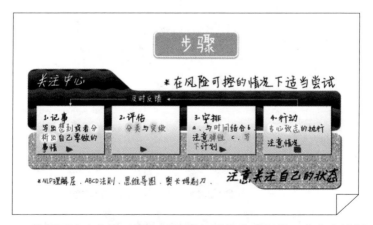

　　掌握了这个方法，提米丝感到每天都在进行着一次次有计划的奇妙探险，心情也越来越好。

CHAPTER 16
成长越多挑战越多

甘特图

经过了品质部的一番努力，ISO推行总算是理清了头绪。在部门培训中，托尼经理对成员的辛苦表示了感谢。

但之后的工作更为复杂。

托尼经理说："接下来，我们要完成的工作有各级文件的编写和整理、各项表单标准的执行监督与反馈、审核机构相关任务的完成。当然，为了让大家更清晰地了解接下来的任务，我做了

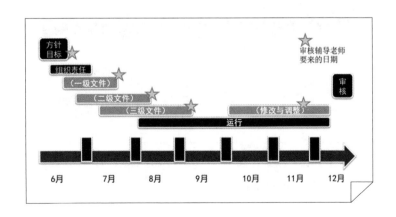

这个甘特图。"

杰生很喜欢这个图，"这个图真好！一看就让人明白任务和时间节点。"

小贴士：甘特图

甘特图（Gantt chart）又称为横道图、条状图（Bar chart），以提出者亨利·L.甘特先生的名字命名。

甘特图内在思想简单，即以图示的方式通过活动列表和时间刻度形象地表示出任何特定项目的活动顺序与持续时间。基本是一条线条图，横轴表示时间，纵轴表示活动（项目），线条表示在整个期间上计划和实际的活动完成情况。它直观地表明任务计划在什么时候进行，以及实际进展与计划要求的对比。管理者由此可便利地弄清一项任务（项目）还剩下哪些工作要做，并可评估工作进度。

作者语：甘特图是一个高效率的项目进度管理工具。

托尼经理笑道："这个图真的很好用，特别是在涉及任务不是特别多的情况下。"

叶子说："我看到有些建筑工地上在用它。"

托尼经理点点头，"是的，它在展示任务进展情况上特别有优势。"

提米丝提出了她的疑问："那我们个人在做一个长期的计划时，也可以用这个吗？"

托尼经理要提米丝详细说说她自己的意思。

于是，提米丝说道："如果我们在一段时期内，如半年内，想要完成不少任务，但每个任务的开始和截止日不大相同。这时，单纯用思维导图做总计划，虽然重点、难点可以用颜色表示，但给人的时间感不是很强。如果选择用甘特图来表达，效果就比思维导图要好很多。"

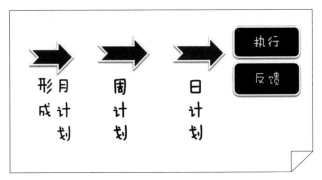

托尼经理点点头："提米丝的观点很不错！有了甘特图的总计划，然后在做周计划时看看这个图，再用思维导图来画，就可以获得更高的效率。"

叶子提出了她的意见："经理，我觉得用台历也能起到不错的效果。"

于是，托尼经理就让叶子详细说一下。

叶子说："托尼经理以前讲过一个用倒推法克服拖延的案例，形成了一个非常不错的时间节点图。于是，我就按照这些时间节点，把相关任务写在了台历上。在执行的过程中，往往看几眼台历就知道接下来几天要做什么。而且，临时有点任务的改动也不会影响效果。"

托尼经理很开心地说："看来大家都很用心。可以说提米丝和叶子的方法各有千秋。叶子讲的台历法，我很早以前就用过，它的优点是简单、清晰、方便携带。"

杰生补充道："很多工作手册里面就有月历表。"

托尼经理继续说："但要是任务数量过多，或者执行的变数太大，页面就会非常混乱。提米丝这种用思维导图做承接计划的方法比较适合于任务变化大、数量多的情况，因为思维导图即使做了增添、改动，页面看起来还是很清晰。"

这番分析让大家很信服。

托尼经理总结道："在任务量不大、变化不多的情况下，台历更有优势。如果事情多了，思维导图就更有优势。当然，具体还要看个人的实际，根据情况进行选择。"

好人难做

提米丝的妈妈织得一手好毛衣，不仅会的样式多，而且织得又快又好。但近来，提米丝发现妈妈总是不停地在织，脸上也憔悴了不少。

于是，提米丝问道："妈，我看你这几天总是织毛衣到很晚。你要注意身体哦！"

妈妈抬起头来，说："我的一个发小儿马上要抱孙子了，她要我帮她织宝宝的衣服。"

　　提米丝有些奇怪，问："我咋记得两个月前，你给你的发小儿织过了呢？"

　　妈妈解释说："那是孙家的，这是赵家的。"

　　提米丝叹了口气说："妈，你到底有几个发小儿呀？"

　　妈妈想了想说："最近通过微信联系到的好像就有三十多个，还有以前联系的50个，还有……"

　　提米丝打断妈妈的话："你觉得还会有人找你织毛衣吗？"

　　妈妈点点头，"估计会。上次孙家把我织的毛衣往微信里一晒，结果很多人都知道我会织宝宝衣服了。"

　　提米丝有些心疼，"妈，你帮她们，我真没什么意见，只是我担心长期下去对你的身体不好。"

　　妈妈摇摇头，"话虽如此，但毕竟都是发小儿，帮了这个不

帮那个，感觉不好。"

提米丝一时不知如何应对。

妈妈宽慰她说："估计这周就可以把赵家的织完了，到时我会好好休息的。"

提米丝心中嘀咕："自己到商店里去买不就得了吗？硬是要我妈妈做。不过也是，帮了这个不帮那个，感觉不太好。难道做好人就真的这么难吗？"

学会拒绝

周末，提米丝遇见了米娜，就把妈妈因帮人织毛衣累坏了身子的担忧说了出来。

米娜说："你的担心是合理的。但你想过没有，没准你妈还乐在其中呢！"

提米丝点头，"这个我理解。我只是困惑在'帮了这个不帮那个不好'这句话里。我觉得这好像陷入了一个泥潭，事情越来越多，而人则疲于应付。"

米娜笑着说："哈哈！应对这类事情的方法，我之前不是跟你提了吗？"

提米丝不确定地说："你指的是策略性的拖延吗？"

米娜点点头。

提米丝没明白，"但是，老是拒绝人不好吧！"

米娜摇摇头，"不一定，这个得看具体事情。换句话说，就是要把事情分类，然后根据情况来进行处理。"

　　提米丝说："这好像是ABCD时间管理法。"

　　米娜点点头，"对！这个方法在时间管理中很常用。"

　　提米丝说："这个我记得！A类的事情争取时间做，B类的事情挤出时间来做，对于C类和D类事情，我只知道个模糊的处理办法——'少做'。但具体如何处理，我的心里还是没有底。"

　　米娜安慰她说："哈哈！很多人都有这样的毛病！不过，你的感觉是对的。这项能力相当重要。"

　　提米丝来了兴致，她问："米娜姐能详细说说吗？"

　　米娜微笑着说："如果一个人不懂得拒绝一些请求，那么他（她）的才能反而会让他（她）越来越辛苦。要摆脱这种困境，就必须清楚自己最应该做什么。"

　　提米丝忙问："怎么弄清楚呢？比如，在职场中。"

　　米娜反问道："提米丝，在你看来职场和学习有什么不同呢？"

　　提米丝认真地回答："我觉得，职场里涉及人的因素更多些。在这里，非常需要顾及相关人员的感受，同时也要能完成自己负责的事情。"

　　米娜总结道："也就是完成个人需求与他人感受的平衡。"

　　提米丝点点头，"对。因为工作的关系，必须和一些人员合作，但是又要避免因为对方要求过多，而让自己的时间和精力无谓地浪费。"

米娜直接点出："这其实就是一种博弈。"

"嗯？"提米丝愣住了。

米娜笑着说："既然你已经入职场有段日子了，我也该给你讲讲了。职场中人与人的博弈很正常，谁都想用最少的精力、花最少的时间，得到最大的利益，所以，绝大部分人都想找机会让自己付出少些、收获多些。"

提米丝有点不认同，"可是，我不想伤害他人呀！"

米娜点点头说："其实，很多人不是故意的，但还是会在无意间麻烦到他人。"

提米丝按照自己的理解说道："也就是说，影响他人的人不一定能意识到自己是在麻烦他人？"

米娜点点头，补充道："对！没准他们还认为对方喜欢这样呢。"

提米丝吐了吐舌头说："在精力时间允许的情况下，我是愿意帮助一些人的。"

米娜笑着说："对呀，帮助他人是件快乐的事情。人缘往往
也会因此而变好。"

提米丝问："那要是对方的要求真的会影响我的主要工作，
我应该怎么办？"

米娜答道："其实，很多职场人，特别是新人，不敢拒绝他
人，往往是因为恐惧。换句话说，就是害怕得罪人。要破除这种
心理，就需要明确自己的角色。最简单的方法就是，确保完成直
接上级交给的任务。"

提米丝提出疑问："那要是其他部门的人要求帮忙呢？特别
是资历老点的呢？"

米娜严肃地说："提米丝，你一定要明确，你在这个公司
是因为这个公司需要你，这不是某个不太关乎大局的人能影响
得了的。"

小贴士：一些拒绝的方法

· 经典句式：我非常想……但是……

· ××不允许。

· 先重复对方的话，然后说出自己不能做，再次感谢。

· 说不能做什么事情，不说不能为你做什么事情。

· 如果怎么都不行，就直接说我真的不能做。

作者语：高情商的拒绝是可以通过练习做到的。

提米丝还是有点不明白："哦！那就是不要怕得罪人吗？"

米娜笑道："使用好的拒绝方式在很大程度上是可以不得罪人的。"

于是，米娜拿出了一些文字。

提米丝突然想到了部门培训的一些内容。她心想："重复对方的话，然后引导到自己要讲的内容。这个方法好像很有用哦！"

猴子管理法

初识猴子管理法

在家里，提米丝正在认真研究时间管理的内容。

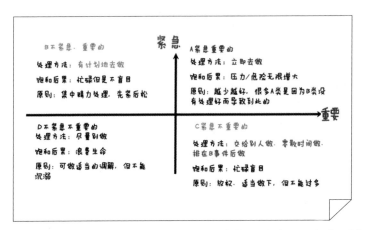

她发现，从事情不做的后果上来看事情的优先级，好像更清楚了。

过了一会儿，她在网上找到一个相关内容：猴子管理法。

小贴士：猴子管理法

背上的猴子——由威廉姆翁肯发明的一个有趣的理论。他所谓的"猴子"，是指"下一个动作"，意指管理者和下属在处理问题时所持有的态度。

作者语：责任是一只猴子，不要让别人背上的猴子跳到你身上。

她感叹："这种事情在日常生活中真的很常见呀！"

她想起了在公司里的一件小事。那天她急着去复印室复印，正好碰见营销部门的小红。

小红问："提米丝，去复印呀？"

提米丝点头。

小红说："那你顺便帮我把这些资料各复印2份吧，我这急着用。"说着，她就把几张文件递给了提米丝。

提米丝又走了几步，遇见了财务部的李姐。

李姐问："提米丝，去复印呀？"

提米丝点头。

李姐说："你帮我看看复印室隔壁的王经理回来了没。"

于是，提米丝需要顺便帮两个人做事。

提米丝心想："幸好事情简单，否则我不知道要搭多少时间进去了。这就像原本在他们身上的猴子，结果只几句话就成了我

的了。"

她又想："拒绝太直接了，确实会伤了和气。如果我试试米娜姐教的方法，可能会好多了。"

正巧，第二天提米丝又遇到同样的情况。

小敏："提米丝，你顺便帮我复印下吧。"

提米丝："我也很想帮你，但这个资料经理正急等着用。下次，我一定帮你。"

小敏："哦！好吧！"

提米丝："谢谢理解。"

猴子管理法的一些注意事项

周末，提米丝又一次遇见了米娜。她对米娜表示感谢，并说自己为此还阅读了猴子管理法的一些内容。

米娜被提米丝的认真打动，说道："猴子管理法是经典的管理学内容，认真看看它，对你是有好处的。"

提米丝提出了自己的疑问："其实，还有些内容我不懂，比如里面说的'猴子'是指工作职责吗？"

米娜摇摇头，"你把事情想复杂了。你只需要把"猴子"单纯地理解为下一步动作就可以了。"

提米丝一时不明白其中的区别。

米娜笑道："这样可以更好地指导你行动呀！"

提米丝恍然大悟。

米娜接着说："由于猴子管理涉及人与人的博弈，所以相关的书籍很少，而且很多都讲得不深入。你一时之间看不明白也不奇怪。"

提米丝问："那米娜姐是怎么学习到的呢？"

米娜笑着说："一边学习，一边实践，一边体会呀！要踢'猴子'，先要弄清楚它是不是你的。"

小贴士：如何区别是不是你的"猴子"

· 职责在不在你。

· 你无法做决定，而且结果与你有没有直接关系。

· 无法预计花费多少时间，而且对你现在而言重要不重要。

· 如果以上都不是，那这个"猴子"就不是你的。

作者语：找准自己的"猴子"很重要。

提米丝说："我发现无论是工作还是生活中，总有人希望得到别人的帮助。"

米娜点点头："嗯，其实绝大部分人都有这样的偏向。但正是如此，才有了人际关系的价值。"

提米丝似懂非懂："也对！其实我们时时刻刻都在享受他人的帮助。"

米娜笑道："对呀！既彼此需要又彼此博弈，这是公司里的常态。而有些时候，人反而要故意多背些猴子，帮助自己建立新

关系。"

提米丝点点头。

米娜接着说："想要更多关系就要有所付出，这是职场的规则。"

提米丝突然想起了妈妈的事情。她说："我在想，我妈妈那么拼命地织毛衣，是不是想找回当年的姐妹情呢？"

米娜点点头："哈哈！你算是明白了。所以，我说她没准还乐在其中呢！"

提米丝感叹："看来人际关系真不简单呀！"

米娜引导道："个人学东西，不是也需要处理有限资源和好奇心的矛盾吗？"

提米丝点点头："看来什么事物都有其矛盾性，关键是抓住要害，兼顾平衡。"

米娜点点头说："猴子管理法里有些非常不错的方法，再加上我上次给你的东西，你结合看下。总体而言就是，**清楚自己要做什么，当'猴子'不属于自己且没有必要接受的时候，就要委婉而巧妙地踢回去。**"

提米丝笑着说："一定去看！"

遇到学习的事情，提米丝总是很积极的。一周后，她跟米娜讲了自己的学习体会。

"米娜姐，我发现这个内容好多都涉及管理者，但我目前只是一个小职员呀！"

米娜笑道："有句话你总听过吧！不想当将军的士兵不是好

士兵。"

　　这么常用的一句话，提米丝岂有不知之理。她只好点点头："说真的，我的学习体会是，管理者更需要有分清轻重缓急的意识和能力。"

　　米娜点点头，"是呀，一个部门只是一个人动，效率是永远上不去的。"

　　小贴士：帮人喂养猴子的危害

　　·对自己不好：让个人时间使用效率低下。

　　·对他人不好：压抑了相关人员的成长。

　　·对全局不利：由于情况不清楚，反而会越帮越乱。

　　作者语：工作中，每个人都有自己的职责，大包大揽地替别人做事，于己于人都没有好处。

　　提米丝想起了大卫经理，她说："可是，我也很不喜欢那种只会给下级压工作的上级。"

　　米娜笑了，她说："这个得看是怎样一个下属了。如果，你是一个工作能力强、善于积极沟通的下属，没准可以和这样的上级配合得不错。"

　　提米丝意识到了自己的不足，"也是，要是那样，我能适应的工作环境会更多，也就能够有更多职场主动权了。"

米娜喜欢她的回复，说："对！能力越强越自由。像你目前能够遇到这样的上级是非常幸运的。但你毕竟会有自己的想法，还很有可能会与你目前的托尼经理产生分歧。所以，最好还是具有更强大的能力去走属于自己的路。"

提米丝不禁对米娜的这番话产生了兴趣，她问："米娜姐，你这是不是在给我做职业规划呀！"

米娜笑道："那还不至于。只是人力资源的经验告诉我，职场中，发展好的人，往往是勇于担当责任、善于克服困难的。而比这两个更重要的是知道自己要什么。"

提米丝点点头。她将话题拉回到猴子管理法中："我感觉猴子管理法中，更多的就是提示管理者克服心中的不安，懂得适当授权。"

米娜点点头："对！其实，还是回归到把握核心的问题上。"

小贴士：管理者接受太多猴子的原因

- 想当老好人，不想拒绝人。
- 喜欢下属及时汇报，掌握所有的感觉。
- 对下属不放心。
- 害怕失控，完全拒绝变化。

作者语：你是这样的管理者吗?

"虽说，猴子管理法有助于个人在一定程度上减少没必要的付出，但它的弊端还是非常明显的。"米娜严肃地说。

　　"我也感觉到了。"提米丝认同道，"我觉得这个方法不怎么适用于一些情况。"

　　"哦？"米娜开始感兴趣了，"你是怎么感觉到的呢？"

　　于是，提米丝将自己帮其他部门人解决办公软件的事告诉了米娜。

　　米娜点点头，"对呀！你正是因为这些额外的付出才有了一些额外的收获。其实在一些创业公司或者新团队中的管理者，一开始就是需要帮助其他成员背负一些猴子，为以后的发展打下基础。"

　　提米丝笑道："这或许就是托尼经理那么认真帮我的原因了吧。"

小贴士：猴子管理的弊端

· 过度使用会让人自私。

· 不适用于所有管理。创业初期，就需要创业者或者团队背负所有的猴子，并主动帮助其他人背负猴子，否则创业基础就不牢固。

· 基础员工的情况是要主动寻找猴子，来提升自己在组织中的地位。

作者语：没有完美的管理方法，请根据实际情况灵活运用哦！

CHAPTER 17
学习做我的翅膀

米娜的计划

一天傍晚，提米丝从妈妈处得知米娜和男友已经领结婚证了，她马上飞奔向米娜家表示祝贺。

两人见面后，提米丝说："米娜姐，都领证了，怎么还不见你的喜帖呀？"

米娜疲惫地说："要发喜帖得先把婚纱照、装修房和酒席之类的事情办好呀！再加上我最近的工作也特别多，所以真的好忙。"

提米丝调皮地一笑："米娜姐，事情既然不少，不如我们现在就用亲和图收集一下吧。"

米娜嘴角一扬，打趣说："真是个小机灵鬼！"

于是，她们拿着纸和笔，写下了很多小纸条。

然后，她们再把一些相似的项目归类在一起。

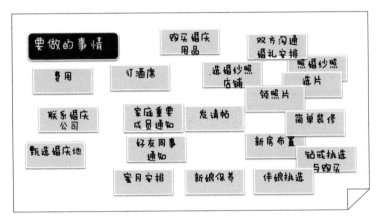

之后，分清主次，列出了一张思维导图的主支。

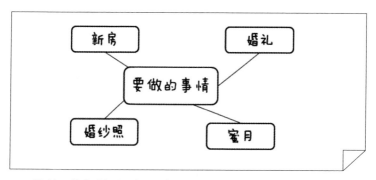

接着，将相关项目添上去。

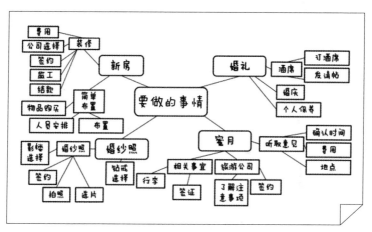

一张清晰的思维导图就形成了。

提米丝接着说："我再用经理教的甘特图摆一下，这样做比较容易突出时间感。"

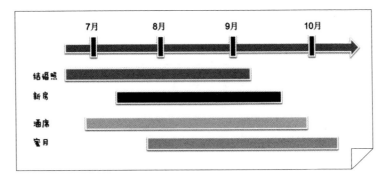

米娜看到这张甘特图，瞬间觉得清楚多了。

谁知，提米丝继续说："接下来就可以照着这个做你本月的计划了，只是要注意给变化留下空间。"

米娜点点头，"对！计划哪有变化快！"

提米丝补充道："如果事情比较多，可以做单月的甘特图。"

此时，米娜提出了她的疑问："为什么你要把总计划做成思维导图和甘特图两张图呢？"

提米丝说："我个人的体会是，思维导图具有灵活性和容纳性，所以，中途万一有什么变化，可以在思维导图上直接改写。甘特图可改动的弹性有限，但展示效果好，因而，在必要的情况下，需要照着思维导图重新画一张，让它们各自发挥特长。"

米娜连连称赞："谢谢你呀！经你这么一弄，我心里有底多了。"

提米丝补充道："要是子项目内容特别多，还可以多画几张导图在旁备注。"

米娜笑着说："是个好方法！"

米娜的执行

经过提米丝的分析，米娜感觉心里踏实了不少。

她先找出自己目前可以做的事情。

为了更节省时间，她向朋友圈求助，很快就有朋友给了她不少的意见。于是，她将这些意见和从其他渠道搜罗的信息整理了一下，与老公商量。

小两口商量了一会儿后，选择了其中的几家影楼，打算本周末到现场看看。

女人都爱美丽的事物。看了几家影楼后，米娜的兴致一下子就上来了，她向老公提议再多看两家。

这个建议遭到了老公的反对，他说："我也很想去看。但现在的时间实在是太赶了，我们没有那么多时间去选择了。"

米娜想了想，觉得老公说得有道理，再加上有一家也是本市较高档次的店，也算不错了，于是，就敲定了这一家。

付完婚纱照定金后，他们去看钻戒。他们的运气真不错，正赶上钻戒促销，于是这件事情也顺利解决了。

但接下来的事情就有点麻烦了。

米娜开口求助："老公，装修这个事情我真不知道怎么下手，而且要做的事情好多，我怕我们忙不过来。"

米娜的老公点点头，"也是哦。这样吧，我问问我的朋友，看他们有什么意见。"

米娜说："好的，我们再问问爸妈那边，看是否有时间帮帮我们。"

看来这夫妻两人都是非常善于求助的人，这可以大大提高效率。

为了更节省时间，他们经过几次询问和协商后，进行了任务分配。

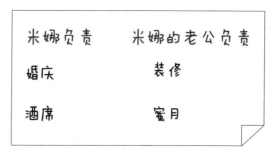

于是，这一大堆事情就在计划中有条不紊地进行着。中途虽然有些折腾，但他们都在协调中度过了。

烦琐的事情是一块试金石，能够齐心协力地平稳度过的夫妻才能获得幸福的婚后生活。

如何面对波折

一个月以后，提米丝又遇到了米娜，向她问起了婚礼准备的情况。

米娜答道："托你的福，都按照计划顺利地进行着！"

提米丝很开心。

米娜说："说是顺利，也不是百分之百地按部就班。不过，执行计划的过程中遇到折腾是常事，我都习惯了。"

提米丝好奇了，问："米娜姐是如何看待这些折腾的呢？"

米娜答道："我喜欢一句话——只要我的目标定位合理，那么在实现的过程中，当我得不到我想要的，我即将得到更好的。"

提米丝有点没听明白。

米娜解释道："比如，这次酒店的约定就出了问题——酒店方突然爽约了。"

提米丝心想：这还算顺利呀！她问："这样呀！你不生气吗？"

米娜答道："不生气才怪！只是，我想既然这样了，就得找解决办法，没准会比原先的计划更好！我只知道，只有这样想，事情才不至于更糟！要是闹大了，就背离我想办一场美丽婚礼的初衷。这真没必要。"

提米丝点点头。

米娜接着说："其实，很多事情想想自己的初衷是什么，往

往会少很多麻烦。就像学东西一样，忘记了初衷，就会迷路。而且，我发现明确了初衷之后，遇到事情反而容易想得开。"

提米丝连忙追问为什么。

米娜答道："因为忙着赶路，没有时间去计较多少。就像这次酒店的爽约，实在是太不该了，我可以去选择感觉自己一生中最重要的时刻被毁了，然后越来越伤心，和他们大闹一场。但过分陷入消极情绪，只会让事情失控。"

提米丝打断她的话，说："米娜姐，我有个疑问，是不是应该不去理会这种失望的情绪呢？"

米娜笑道："呵呵，这只是一种比较初级的自我管理方法。"

提米丝有点不明白了。

米娜接着说："我们很小的时候常被教导，应该一心盯着自己的目标，不管自己心里害怕什么、恐惧什么，前行就是。但那必须在周围和内在体系都很确定的情况下。要是周围环境或者内在状态变化了，这个时候，就需要升级自我管理的方法了。"

提米丝忙追问："怎么个升级法呢？"

米娜回答："我也是自我摸索的。我的方法就是接受自己的迷茫和无助，然后想想自己要什么，并积极往这个方向靠近。就像这次酒店爽约，我刚开始是很生气的。我花了几天的时间让自己平静下来，然后想想自己要什么。想清楚自己要的是一场美丽的婚礼后，我就和酒店方联系，提出了我的建议，可以重新协商时间，但要求费用打折。"

提米丝问："后来呢？"

米娜说："他们同意了，给了我一个还可以的折扣。其实，他们也有自己的难言之隐吧！"

提米丝开始理解了，"所以，你还是顺利地达到了你的初衷，只是过程和你想的不一样！"

米娜点点头，"是的！而这个过程中，那些沮丧的情绪还是有一定作用的，至少它们从某个角度提醒我，我应该想想我最重视的是什么。"

提米丝总结道："想清楚自己的初衷，接受折腾，换个角度想想新的路径，没准可以看到一番新的天地。"

米娜补充道："有时，折腾就是让自己成长的一次机会！"

提米丝点点头。

小贴士：如何看待波折

- 波折本身就是生命中的一部分。只有包容它并接受它，才能不被其影响，从而更好地走向自己的目标。
- 能力的提升和新机缘的产生往往正是来源于此。

作者语：小孩是经过跌倒再跌倒，才逐渐长大的。

CHAPTER 18
我想掌握自己的方向

张姐的意外升职

有了微信圈，妈妈们多了许多"东家长、李家短"的机会，提米丝的妈妈就是其中之一。

一天，妈妈跟提米丝讲："张大妈的女儿升职了，工资翻了一倍呢！"

这让提米丝有些诧异，她问："哦！她不是刚刚生了宝宝吗？"

妈妈点点头，"对呀！我听新闻上说，有的女职工因为怀孕，职位和工资都下降了，但她反而涨了。"

提米丝也不明白。

于是，提米丝的妈妈就去问具体情况。

过了一会儿，她跟提米丝说："哈哈！弄明白了！因为她姑娘是业务骨干，而且依她的资历以后很好找工作，公司怕她跑了，就赶快给她升职加薪。"

提米丝追问道："那确实，用生不如用熟！只是她的宝宝谁来带呢？"

妈妈答道："张大妈呀！这个公司另外看中的就是她有人帮忙带孩子。看来，生孩子这个事情和升迁还不一定相冲突！"

提米丝点点头，"当然，张姐的实力和长辈的支持是必备的条件。"

几个月以后，提米丝见到了张姐。

她是专程来感谢提米丝妈妈的。由于还在哺乳期，她显得有些疲惫。她笑着说："真是麻烦你，给我家宝宝织毛衣！你织得真是太漂亮了！"

提米丝的妈妈笑道："过奖过奖！你家宝宝好看，穿啥都可爱。"说完，便去准备饭菜了。

提米丝问张姐："当妈妈的感觉一定很棒吧！"

张姐倒也坦率，她说："幸福是伴随着繁忙而来的。自打宝宝出生以来，我就没有睡过一个完整觉。"

提米丝连声感叹辛苦，于是她将话题转到工作方面。她问："我听说张姐已经升职了。我很好奇的是，你是怎么做到兼顾宝宝和新职务的？"

张姐答道："一方面，我爸妈帮我带孩子，让我有时间适应新工作；另一方面，这个行业我毕竟干了6年多了，新职位没那么难适应。"

提米丝点点头，"你真厉害！"

张姐笑道："呵呵！还是有部分运气在里面的。"

提米丝继续问："张姐打算接下来怎么继续发展自己的事

业呢？"

张姐答道："我现在能兼顾两头就很不错了！这个真没想过。"

提米丝认真地问道："张姐，你真的喜欢目前的工作吗？"

张姐平淡地说："谈不上特别喜欢，更多的是适应了。"

提米丝追问："为什么不追求自己喜欢的呢？"

张姐叹口气说："哎！提米丝，你想过没有，为什么有职位存在？"

提米丝小心地回答："公司设定的吧！"

张姐说道："是的。但如果公司不需要，这个职位是不可能存在的，而公司的存在则是因为社会需要它提供的产品和服务。"

提米丝点点头，"确实，职位因需要而存在。"

张姐继续说："社会需要和自我喜欢其实不是一回事，大部分成人想要在这个社会上获得生存的地位，得先需要满足足够多的社会需要。而且，当喜欢的事情变成工作，也会出现厌倦感。"

提米丝问道："那该怎么办呢？"

张姐说："我的答案是，没有百分之百为人设定的工作。所以，我只有坚持下去，围绕这个工作学新东西。过了一些日子，我才有了点工作的激情。"

提米丝点点头，"也是，没得选择就只有把目前的工作做好了。"

张姐继续说："把特长变为职业需要看两个方面。一方面，你的特长被这个社会认可了吗？换句话说就是，有没有具体可以发挥你的特长的事实存在。另一方面，你冒不冒得起为这个新的方向投入的风险，如时间和金钱等。"

提米丝想了一下，说："大笔的金钱一般人没有，但对于大部分年轻人而言，两三年的时间还是有的。"

张姐点点头："所以，年轻就是资本嘛！但资本不投入有价值的事情上，就是浪费。"

提米丝总结道："以有没有价值作为投资判断的依据，对吗？"

张姐笑道："呵呵，价值这个词是很主观的。有人偏向于生活更安稳，有人偏向于更多变化，但最基本的自食其力还是要有的。我就是前者。其实，认真做了6年以上的工作往往更多的是习惯，轻轻松松就可以做得不错。"

提米丝点点头说："这可能就是熟能生巧吧！"

张姐继续说："要在新的领域做得出色是需要重新投入很多时间的。当然，也有些人转行成功了，但只是因为他们之前就打下了很不错的基础，这个转行对于他们而言，只是运气终于碰到了而已。"

提米丝有些明白张姐的意思了，说："对！就跟张姐一样！机会永远是青睐有准备的人。"

张姐说出了有关成就感的看法："我现在要将时间和金钱分到家庭、孩子、工作上，对于我而言成就感是多元化的。而实际上，每个人的取向不同，做喜欢的工作不一定是唯一的成就感来源。很多时候，对工作的喜爱是自己可以赋予的。"

提米丝点头说："对！就像你通过努力突破了职业倦怠期一样。"

> **小贴士：工作与兴趣**
>
> ·任何工作，如果不用心经营和付出，都不可能获得长久的发展，而这与爱不爱好无关。
>
> ·很多时候，工作的舒适状态是自我经营的结果，当一个人成为某个领域的高手并获得相应的反馈，自然容易从中获得自信。
>
> ·作为一个成年人，更重要的是承担自己的责任，也就是先做紧急而重要的事情。

作者语：拥有喜欢并且收入不错的工作是非常理想的状态。但把追求理想状态作为自己不做好当下工作的借口，这就陷入了完美主义的误区。

将兴趣变为工作的方法

张姐让提米丝明白了努力适应工作的重要性，这让提米丝收获不小，但她心中还是有些不甘。在遇到米娜的时候，她说出了自己的困惑。

她问："米娜姐，你说一个人究竟可不可以把自己的兴趣转为工作？"

　　米娜看出了提米丝的迷茫，问其原因。于是，提米丝就把张姐讲的事情告诉了她。

　　听完提米丝的讲述后，米娜笑道："她说得不错呀！工作和兴趣本身就是相对独立的两个领域，但工作和兴趣也不是完全不相干的领域，关键是要找到或者创造这个交集。"

　　提米丝忙问："哦？那该怎么找呢？"

　　米娜回答道："我个人觉得兴趣应该分为两种，一个是本身就令人觉得很快乐，另外一个就是觉得有意义、有价值。"

　　提米丝追问："这两种兴趣有什么区别呢？"

　　米娜笑道："区别很大呢！一种是单纯地经历就很开心，比如喜欢旅行。换句话说，就是只是很喜欢这个过程。另外一种是觉得有意义和价值，比如理想，就像小时候，很多人发自肺腑地希望长大后能当警察。"

　　提米丝有疑问："他可能觉得这样会很威风、很有价值，而实际上，他根本就没有这方面的经历。这可以算吗？"

　　米娜回答："如果这个人是认真分析了自我，具备相关的基本条件，那就可以算。这就是两种兴趣的区别，一个是感受过，并喜欢这个过程；另一个只是感兴趣，并没有多少经历。前者的享受味道更重，后者的意义性更强。"

　　提米丝点点头。

　　米娜拿出纸条说："那么，你先想想让你感到享受的事情有

哪些。"

于是，提米丝迅速写下了以下内容。

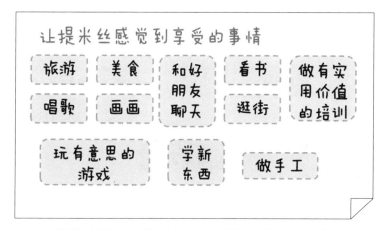

米娜继续说："接下来，写下让你感觉到有意义的事情吧！"

提米丝又写下了：

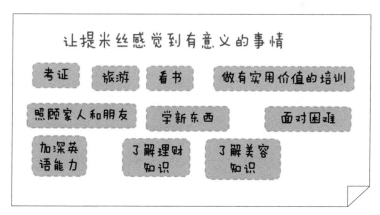

米娜引导到："找找看有没有重叠的？"

提米丝愉快地答应了这个要求。她找到了！

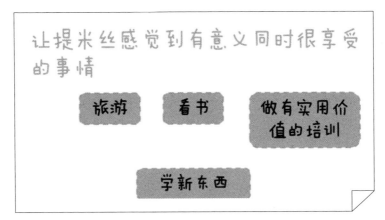

米娜继续说："你再想想，你目前可以做好哪些事情呢？最好是那种比较受大家认可的。"

于是，提米丝又写下了：

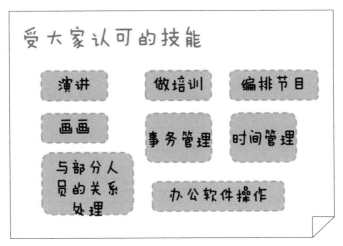

米娜接着说："你把刚刚的内容和这个整合下，找找有没有

一个职位可以让你同时达到意义、享受、技能并存的呢？"

提米丝整理后说："好像是做职场实用技能的培训师。"

米娜笑道："理想的职业应该包含三个内容，一是技能，实现职业的着力点；二是享受，内心的认同，持续进行的基础动力；三是意义，心之向往。所以，这不就是你可以走的一个方向吗？"

提米丝感觉思路清晰多了。她说："谢谢米娜姐！我会向着这个目标努力的。"

米娜感叹道："其实，像你这么快就能够找到当下着力点的人真的不多呀！这或许是因为你一开始就找到了自己喜欢的工作吧！"

提米丝不好意思地说："可是，工作的时候我依然很怀疑自己的价值，就比如被强加的文档管理。"

米娜解释道："对于一个公司而言，员工的价值是做公司需要的事情，这也是员工收入的来源。所以，你必须先满足公司的需要。当然，没必要因此而忘记了自己的初衷。具体而言就是，成全别人，才能成全自己。就算公司你再不满意，但它也在一定程度上让你实现了经济独立，这样，你才有了做其他事的资格。即使是创业者，他们也是因为找到并满足了足够多的需求，否则他们也无法存活。"

提米丝有些困惑："嗯，就是觉得少了好多时间去经营自己的爱好。"

米娜笑道："时间管理里面不是有先做A类再做B类吗？你

所需要的只是把兴趣的经营归纳为B类而已。毕竟，为自己的长期目标投入时间和精力，就像培养一棵小树苗，要有个过程。"

提米丝有点明白了，"由此等待机遇，对吗？"

米娜点点头，"呵呵，你找到现在这份工作，不正是你在大学期间参加了多项活动，外加自我努力经营的结果吗？虽然过程波折不断，但这才是让你的这三个区域有了交集的原因。"

提米丝提出了自己的疑问："米娜姐，要是一个交集都没有怎么办？"

米娜答道："其实，这三个区域代表着不同的时间视角。技能代表过去的累积，享受代表当下的幸福感，意义代表对未来的认同。所以，没有交集时就需要想想自己目前可以做什么来扩大其中一个区域，以此来达到更靠近其他两个区域的目的。"

提米丝还是有点不明白，"技能可以通过训练获得，那其他两个方面如何拓展呢？"

米娜点点头："你这个问题提得很好！我们先看享受这个方面。其实，可以改变的方法分为两种：感受和熟练。改变'感受'这个方法具体而言，涉及很深的心理学知识了，我在这里先讲个简单的小技巧。"

提米丝最喜欢实用的方法了，她连忙说："好呀！好呀！"

米娜说："方法很简单。先放松，然后单纯地分析和做事情。这其中不带评价，只是找方法做而已。"

提米丝按照自己的理解说："就像遇到工作难题，只是单纯地分析和做，对吗？"

米娜点点头说："对！就像你以前不擅长的事务和时间管理，让你感到心里很烦，但如果你静下心找方法去突破，就会发现，每个必须面对的困难背后都是礼物。"

提米丝笑道："对！这个我深有体会。"

米娜笑着总结道："总而言之，就是感受当下的状态，认真地面对当下的事情。"

提米丝开始明白了："就像我刚刚提到的张姐，她能在繁杂的工作中依然保证这种状态，那是因为她熟练了，所以才感受到了这个过程。"

米娜补充道："另外，我感觉她的动力来自对这个工作的收入认可，毕竟，经济独立本身就是一种很大的幸福。"

提米丝又有了新的疑问："如今社会变化那么快，现在做的职业要是在10年后不存在，怎么办？"

米娜笑道："哈哈哈！你想得还真是长远呀！"

提米丝说出了心结："因为，我看到过妈妈下岗后那段艰辛的岁月，所以，对这个特别在意。"

米娜马上理解了，她问道："那确实很艰辛。你妈是怎么挺过来的呢？"

提米丝答道："她碰了好多壁，但坚持下来了，后来，找到一份适合的工作。"

米娜继续问道："面对不顺，她是如何想的呢？"

提米丝答道："她具体怎么想我不知道，但我记得她说过一句话，苦难走过去，往往是另外一片天。"

米娜笑道："是呀，相信每个困难背后都是礼物，才有希望遇到更好的自己。"

提米丝点点头，"确实哦。不过，我觉得她更在乎的是完成自己的责任，具体来说，就是她想要供我读完书。"

米娜感叹："对呀！这里其实是使用意义的力量了。"

提米丝想起了米娜刚才的总结，她问："也就是在做对未来有好处的事情吗？"

米娜点点头说："对！心向往之，做的时候也会感觉到特别强大的力量。"

提米丝笑着点点头。

小贴士：技能、享受和意义

· 技能：实现职业的着力点。

· 享受：内心的认同，持续进行的基础动力。

· 意义：心之向往。

作者语：工作时光是段非常重要而且不短的时期，想要更多的快乐，必须要有足够的力量支撑。

米娜继续说："这样争取让自己有希望通过做一件事情达到3个或者多个目的，力量感会更强。"

提米丝笑道："哈哈！又回到了时间管理的内容了。"

米娜说："我个人对时间管理的感受是，摆正未来、过去和

当下的位置，让不断流逝的时间更有价值、更快乐。而高效是追求美好生活的保证。"

提米丝感到思路一下子就被打开了，连声感谢。

丽丽的旅行

一天，提米丝接到丽丽的短信，说她打算年休假期间独自去旅行。这让提米丝有些担心，想要阻止她，毕竟女孩子单独一个人出去还是有些冒险。但丽丽反复跟她强调自己做了多么详尽的准备，所以，提米丝只好作罢。一周以后，提米丝见到了晒得有些黑的丽丽。

提米丝看到她很兴奋，问道："你的胆子真大！一个人出去不害怕吗？"

丽丽笑道："刚开始是有点，但后来就适应了。"

提米丝笑嘻嘻地问道："能够看到一些不一样的风土人情，应该很开心吧！"

丽丽摇摇头，"完全不是，我感觉更多的是辛苦。其实，大部分时间都是用在舟车劳顿上的，再加上在外面睡得怎么也不如家里舒服，所以，我更多的是感到疲倦。"

提米丝点点头，"也对。不过，如果你事前查找相关的旅店、饮食等信息，应该会好点吧？"

丽丽叹了口气说："提米丝，你要知道，面对一个陌生的环境，之前做再多功课也是不够的，很多时候，就是考验人随机应变的能力。"

提米丝开始理解了，她说："确实，有太多挑战了！万一遇上波折，人的心里难免会发毛。"

丽丽点点头说："是呀，这个时候，我只能抱着体验的心态来面对波折了。"

提米丝赞叹道："你的心态真好呀！"

丽丽继续说："说真的，很多惊喜就在波折中。有一次，为了不被欺生，我刻意学了他们的口音，结果，我真把他们当地人给骗了。我发现自己还蛮有语言天赋的。"

提米丝感叹："你真厉害呀！"

丽丽笑道："总而言之，我感觉最开心的是通过这次旅行发现了一个新的自己。这次，我深深地体会到你以前告诉我的那句'自我感伤是没有用的，只能想想自己要什么，然后去找方法才能实现目标'。"

提米丝笑道："哈哈！你都活学活用了！"

丽丽不好意思地说："好的思维方式是相通的。有目标和没有目标真的不一样！"

小贴士：有目标和没有目标的区别

- 趋利避害是人很重要的本能。人在没有目标的时候偏向于选择开启"避害"机制，也就是更偏向于寻找对自己不利的因素，而发现了不利因素又不去解决，人体就会有一种惩罚机制：痛苦。这也是为什么人在目标感不强的情况下，容易感觉难受。

- 人在有目标的时候，则偏向于开启"趋利"机制，也就是去寻找实现自己目标的有利因素，发现了有利因素就积极去争取，人体就会有种奖励机制开启：愉悦。这也是为什么人在有目标的情况下积极行动，更容易感受快乐。

作者语：不知明天该做什么的人是不幸的。

我还是想当培训师

在公司里，提米丝和她所在部门的ISO推行已经进入了三级文件和表格的编写阶段。电子文件和表格的修订越来越多，不过，好在之前对相关软件有所涉猎，所以提米丝做起来也不算困难。

托尼经理看到提米丝这几个月的飞速成长感到非常高兴，对她说："能够参与这种完整的项目推进是非常幸运的事。加油干！等这个项目完成后，你就为以后发展为一个项目经理打下了良好的基础。"

提米丝对托尼经理的鼓励表达了谢意："谢谢经理的培养！在您手下工作，我感到很开心。但我还是希望以后能够成为一个优秀的培训师。"

"培训师？"托尼经理对她的志向表示怀疑："如果你打算在企业内部做培训，这还好，但如果你想成为那种职业培训师，就很难了。"

提米丝有点不明白。

托尼经理接着说："职业培训师我见过一些，但目前为止，我没有碰到过一个女性职业培训师。这可能是因为这个职业需要很多的应酬和出差，所以，从事的女性很少。"

这一瓢凉水把提米丝泼得够呛。但她回了下神，还是说："培训毕竟是目前我能够做得又快又容易被人接受的事情了。如果不继续从事下去，我觉得会是个重大的遗憾。"

看到提米丝这么坚定，托尼经理也不好反驳。他思考了一会儿说："不过，你既然喜欢，那么就坚持下去吧。"

这让提米丝一下子反应不过来，她睁大眼睛看着托尼经理。

托尼经理继续说："因为，未来的事情谁也说不准。就像20年前人们无法想象今天是这样的商业模式。但有一点我是相信的，那就是机会永远青睐有准备的人。但因为你这个梦想的成功案例太少了，这就意味着你需要付出更多，更需要自我摸索和等待。"

提米丝点点头，感激地说："谢谢！说真的，在您手下工作的这段时间，我从一个落魄的调岗人员变为现在的样子，真的离不开您的耐心指导。这段日子，我很开心！"

托尼被这么直接的感谢打动了，他笑着说："其实，什么都是相互的。你这段日子的用心程度真的超乎我的预料，而且，你的进步也为我们部门的ISO推行开了一个非常好的头。接下来的

日子会更加繁忙，不过，我相信这对你而言都不是问题。虽然它与你的职业规划有出入，但我相信只要认真对待了，这段经历就是你在职场中的一次升华。"

提米丝点点头，"我一定会全力以赴的。我相信，只要认真对待了，就会有更多新的机会出现！"

托尼经理也点点头，"对！希望就在改变中！"

附录：本书所涉及的一些重要工具清单

思维导图（CHAPTER2　P11）

行动细分（CHAPTER3　P31）

呼吸冥想法（CHAPTER4　P38）

亲和图（CHAPTER10　P111）

时间管理四象限（CHAPTER11　P124）

番茄工作法（CHAPTER12　P142）

六色荧光笔学习法（CHAPTER13　P146）

NLP之先跟后带（CHAPTER13　P153）

具体化法（CHAPTER14　P165）

反向倒推法（CHAPTER14　P167）

戴明环（CHAPTER15　P177）

甘特图（CHAPTER16　P182）

猴子管理法（CHAPTER16　P192）